사회초년생을 위한 일대일 재테크 특강

월급이 적어도 돈은 모으고 싶어

성동규 지음

매일경제신문사

부자가 되고 싶은가요?

"재테크, 어떻게 해야 하나요?"

"어떻게 하면 부자가 될 수 있을까요?"

사회초년생을 대상으로 강연하면서 가장 많이 받는 질문입니다. 이제 막 사회에 발을 내딛은 친구들은 점점 더 높은 스펙을 자랑합니다. 토익, 토플, 논술, 공모전… 못 하는 것이 없는데, 돈에 대해서만큼은 제대로 아는 것이 없습니다. 공부만 열심히 하면, 대학만 잘 가면, 취업만 잘 하면 된다는 말만 믿고 살다보니 부자가 되고 싶다는 막연한 꿈과 이상만 있을 뿐, 무엇을 위해 어떻게 돈을 모으고 효율적으로 관리할 것인지에 대한 구체적인 교육을 받아본 적도, 필요성을 느낀 적도 없었을 것입니다.

우리는 모두 돈 걱정 없는 삶을 꿈꿉니다. 하지만 그런 삶을 살아갈 수 있는 사람은 솔직히 많지 않습니다. 설렘과 기쁨으로 시작하는 사회진출 역시 출발선부터 다릅니다. 신한은행 빅데이터센터에서 발표한 '2018 보통사람 금융생활 보고서'에 따르면 사회초년생들의 평균 대출 잔액이 2,959만 원으로 조사되었습니다. 경력 3년 이하 사회초년생이 가장 많이 보유한 대출은 학자금대출이었고요. 사회의 첫 발을 마이너스로 출발하는 친구들이 많다 보니, 노력해도 미래가 보장되지 않는 현실에 좌절하고 외부적인 영향에 쉽게 흔들리며, 미래에 대한 준비보다 현재의 삶에 만족하고자 하는 경향이 강합니다.

재테크의 세계는 여러분이 생각하는 것보다 훨씬 더 복잡합니다. 대다수의 사회초년생은 재테크에 대한 생각은 있지만 잘 몰라서, 혹은 엄두가 나지 않아서 아무 것도 하지 않는 경우가 많습니다. 사회생활을 시작하면서 종잣돈은 어떻게 준비하고, 신용관리는 어떻게 하며, 내 집 마련은 어떻게 해야 하는지 알려주는 사람도 없습니다. 결국 상당수의 사회초년생과 신혼부부가 재무설계도 없이 그냥 시간을 흘려보내거나 잘못된 방향으로 재테크에 올인하는 사례가 발생하는 것이죠.

현직 은행원이자 오랜 기간 은행원을 대상으로 세일즈 교육을 했던 경험으로 솔직히 이야기하자면, 은행원들은 국내외 다양한 상품을 무기로 여러분에게 투자를 권유합니다. 투자자의 수익 증대를 위하기도 하지만 판매회사의 직원인 이상 판매수수료를 챙기기 위해 노력합니다. 여러분은 금융소비자로서 금융상품 구매와 관련하여 당당하게 요구할 권리가 있으며, 당연히 이익을 보호받아야 합니다. 그러기 위해서는 취업 준비를 하던 열정으로 금융지식을 하나씩 쌓아가야 합니다. 이때 필요한 것이 금융교육입니다.

금융교육은 단순히 수익률을 높이는 재테크 비법이 아닙니다. 돈의 의미와 흐름을 파악하고 인생을 설계하는 작업입니다. 단기간의 수익률에 집착하지 않고 긴 호흡으로 결혼자금, 주택자금, 노후자금 등 각종 재무 이벤트를 준비하는 마라톤입니다.

첫 월급을 타는 시점부터 여러분의 재테크는 시작입니다. 첫 단추를 잘 꿰어 올바른 방향으로 나아갈 수 있도록 나침반 역할을 할 지침서를 만들고 싶었습니다. 강연에서 못 다한 이야기, 직접 만나지 못했던 후배들에게 들려주고 싶었던 이야기를 한 권의 책으로 엮었습니다. 사회초년생들이 재테크와 관련하여 마인드를 새롭게 정립하고 기본을 다지는 주춧돌이 되면 좋겠습니다. 돈과 삶의 주인이 되어 행복을 두드리는 멋진 여러분을 기대합니다.

성동규

차 례

07 사회초년생이 꼭 챙겨야 할 금융상품

월
급
이

적
어
도

돈
은

모
으
고

싶
어

01

당신도
금융문맹입니까?

재테크의 시작은
금융지식으로부터

인생 고민의 8할이 돈이다

"돈 걱정 없이 살 수 있으면 얼마나 좋을까?"

"열심히 일하는데 왜 항상 쪼들리며 사는 걸까?"

누구나 이런 푸념을 들어봤고, 해 봤을 것입니다. 형편이 좀 나은 사람이라고 예외는 아니죠. NH투자증권 100세시대연구소가 30~50대 중산층(월소득 187만 원~563만 원)과 고소득층(월소득 563만 원 이상)을 대상으로 조사한 결과에 따르면, 중산층과 고소득층도 자신이 속한 계층보다 본인이 더 낮은 계층이라고 생각하는 것으로 나타났습니다. 빚의 유무 또는 소득수준에 따라 정도의 차이는 있겠지만, 대부분의 사람은 돈 걱정 때문에 불안 증세를 보이는 '돈걱 정증후군'을 가지고 있습니다. 이는 객관적인 재무상태가 아니라 주관적인 느낌에 의해 더 큰 영향을 받습니다.

이렇듯 많은 사람이 돈에 대한 욕구가 있고 고민을 하면서도 금융교육에 대해서는 무관심합니다. 유교 문화권에서 살아온 우리네 부모님들은 어려서부터 돈에 대해서는 몰라도 된다고, 돈에 너무 얽매이면 안 된다고 가르쳤습니다. 그렇다 보니 금융교육을 접할 기회조차 없는 경우가 많고, 부자는 되고 싶지만 돈에 대한 지식은 없는 어정쩡한 태도를 취해왔습니다.

한국인 3명 중 2명은 금융문맹

'금융문맹'이라는 말을 들어본 적 있나요? 글을 모르는 사람을 문맹이라고 하듯 금융을 모르는 소비자를 금융문맹이라고 합니다. 즉 금융 관련 지식이 부족하여 돈의 소중함과 관리 방식을 모르고 제대로 활용하지 못하는 사람을 의미합니다.

"문맹은 생활의 불편을 가져오지만, 금융문맹은 그 사람의 생존을 좌우한다"고 말한 앨런 그린스펀Alan Greenspan(1987년부터 4회 연속 미국 연방준비제도이사회의 의장을 맡아 세계 경제 대통령으로 통했다)은 금융문맹이 자본주의 사회가 낳은 21세기형 문맹이고, 실제 문맹보다 더 무서

운 결과를 초래할 것이라고 경고하기도 했습니다.

우리나라는 그동안 빠른 속도로 경제성장을 했지만 돈 문제에서 만큼은 한참 뒤쳐져 있습니다. 1,500조 원이 넘는 가계부채, 90일 이상 연체한 신용불량자 100만 명, 증가하는 실업률 등 경기가 어려워지면서 서민층의 생활고가 갈수록 심해진다는 뉴스가 연일 신문지면을 장식하고 있습니다. 그래서일까요? 당장 우리 주변만 살펴봐도 사회 문제에는 관심이 많지만 금융에 대해서는 아예 관심을 끄고 포기하는 사람이 많습니다. 특히 20대는 경제와 금융의 중요성을 알고 있으면서도 학자금대출로 떠안은 빚과 취업난으로 인해 '재테크는 남의 일'이라고 생각하는 경우가 대부분이죠. 상황이 이렇다 보니, 글자를 모르면 창피함을 느끼기라도 하는데 금융을 모르면 그런 인식조차 없는 것이 현실입니다.

금융에 대한 이해는 삶을 잘 꾸려가기 위한 필수 요소입니다. 금융을 모르면 신용등급의 중요성도, 고금리대출이 얼마나 위험한지도 모를 수밖에 없습니다. 그러니 아직도 전화 한 통으로 덜컥 대출을 받아버리는 경우가 비일비재한 것이죠. 부자가 되고 싶다고 하면서도 금융에는 관심이 없는 모순된 행동을 이제는 멈춰야 합니다.

금융문맹은 개인의 문제다?

한국은행과 금융감독원이 발표한 '2016 전 국민 금융이해력 조사'에 따르면 한국 성인의 금융이해력은 100점 만점에 66.2점으로 나타났습니다. 조사대상인 경제협력개발기구OECD 회원국 17개국 중 9위에 그치는 수준이며, OECD가 정한 최소 수준인 66.7점에도 미치지 못합니다. 특히 한국 경제의 미래를 이끌 20대와 은퇴 후 노후가 불안한 노년층이 낮은 점수를 받아 이에 대한 대책이 시급하다는 지적이 나왔습니다. 이외에도 마스터카드사가 발표한 '2016 금융이해도 지수 보고서'는 한국인의 금융이해 수준이 아시아, 태평양 17개국 중 하위권인 12위라고 발표했습니다.

대체 금융이해력이 뭐길래 이렇게 강조하는 걸까요? 금융이해력이란 금융지식을 활용하여 본인에게 적합한 금융결정을 할 수 있는 능력을 말합니다. 물론 어려운 금융용어를 안다고 해서 금융이해력이 높은 것은 아닙니다. 중요한 것은 합리적인 금융생활을 위한 지식을 바탕으로 건전한 금융생활을 영위하고, 일상생활 속에서 경제적인 사고를 실천하는 올바른 금융태도를 갖추는 것입니다.

여기까지 설명하면 금융문맹은 개인의 문제라고 생각하는 사람이 많을 것입니다. 스스로의 삶을 위해서 금융지식을 갖춰야 한다고 생각하겠죠. 물론 그렇습니다. 일차적으로는 개인의 문제입니다. 그러나 IMF 이후 신용사회와 카드빚에 대한 인식을 갖추지 못한 금융소비자들이 카드를 남용하다가 수백만 명이 신용불량자로 전락했던 사건, 기억하시나요? 또한 2011년 저축은행 사태는 피해자들의 평균 나이 62세, 피해 규모 총 26조 원으로 대부분 금융지식이 부족한 상태에서 1% 이자라도 더 받기 위해 평생 모은 재산을 맡겼다가 큰 피해를 본 사례입니다. 금융교육의 필요성을 모르는 사회 분위기가 이런 결과를 가져왔으며, 이에 따른 비용은 결국 우리 사회 모두의 몫으로 되돌아온다는 사실을 기억해야 합니다.

금융문맹이 줄어들지 않는 이유

그렇다면 계속해서 피해가 발생함에도 불구하고 금융문맹이 줄어들지 않는 이유는 무엇일까요?

첫째, 금융상품이 점점 복잡하고 다양해지기 때문입니다. 예전에는 주식, 채권, 부동산 등을 따로 거래했고, 비교적 단순한 상품이 주를 이뤘습니다. 하지만 요즘엔 다양한 형태의 복합상품이 생기고 금융공학을 활용한 파생상품이 쏟아져 나옵니다. 서울에서 커피를 마시며 뉴욕 주식을 사고 호주의 부동산에 투자하는 세상으로 변화한 것입니다. 이에 따라 급변하는 정보를 따라가지 못하는 사람들은 뒤처질 수밖에 없는 구조가 되어가고 있습니다.

둘째, 금융회사에서 적극적으로 금융교육을 하지 않습니다. 소비자에게 정보를 충분히 제공하지 않고 판매실적 올리기에 더욱 집중하는 금융회사가 많습니다. 그로 인해 사람들은 자신도 모르는 사이에 판매직원에게만 의존하게 되고 금융이해력과 점점 멀어지게 됩니다.

셋째, 학교에서 금융을 가르치지 않습니다. 우리나라는 어릴 때부터 돈에 관심을 갖는 것을 부정적으로 인식하는 경향이 있고, 부모들도 금융교육에 관심이 없었습니다. 현재 일부 학교에서 '생활금융'이라는 이름으로 교육이 진행되기는 하지만 이론 중심이고 진학과는 상관이 없어 관심 밖의 상황입니다.

금융 호갱이 되지 않으려면

예·적금만으로 충분했던 과거에는 개인이 금융이해력을 충분히 갖추지 못하더라도 의사결정에 큰 어려움이 없었습니다. 하지만 복잡하고 어렵고 위험하기까지 한 현재의 자본주의 금융시스템에서 살아남기 위해서는 스스로 금융에 대해 공부하고 흐름을 이해하려는 노력이 동반되어야 합니다.

금융에 대한 이해력, 즉 금융지능Financial Quotient, FQ을 높여야 하는 것입니다. 금융에 대한 이해가 부족한 소비자는 상대적으로 높은 수수료와 이자를 부담하며, 저축은 적게 하고 빚은 많아지는 경향이 있습니다. 오늘날 금융환경은 빠르게 변화하고 복잡해집니다. 가만히 있으면 금융지능은 떨어질 수밖에 없습니다. 새로운 정보와 상품을 꾸준히 받아들이고 소화하는 노력이 절실하게 요구되는 시대입니다. 이제 금융은 전문가들만의 영역이 아니라 모든 사람의 삶과 밀접한 관계를 맺는 필수 영역입니다.

아는 만큼 이기는
재테크의 법칙

아는 것이 힘이다

우리는 남의 말을 믿고 높은 수익을 좇다가 전 재산을 날렸다는 안타까운 사연들을 심심찮게 듣게 됩니다. 이런 사건이 생기면 발생 시점에만 반짝 관심을 가지다가 언제 그랬냐는 듯이 잊어버리죠. 비슷한 일이 계속 반복되는 모습을 보면서 안타까움을 느낍니다. 지금 이 시간에도 '잘 알지는 못하지만 문제없겠지'라는 안일한 생각으로, 정확히 무슨 상품인지도 모르고 계약서에 이름 석 자를 쓰고 계신 분들이 분명 있을 것입니다.

금융시장에서는 아는 만큼 이기게 되어 있습니다. 손해보지 않

김미래 55세

작은 식당을 운영하는 김미래 씨는 아들 결혼자금과 노후자금용으로 A은행에 정기예금 2억 원을 예치하고 있었습니다. 예금금리가 계속 하락하여 걱정하던 중 인근 B은행에서 높은 금리를 준다는 얘기를 듣고 조금 더 이자를 늘려보겠다는 마음으로 영업점을 찾았습니다.

창구에서는 "단 열흘만 한정판매되는 특판상품으로 안전하고 연 8%의 높은 이자를 준다"며 후순위채권을 적극적으로 홍보했고, 많은 사람이 가입하기 위해 줄을 서 있었습니다. 결국 혼자 영업점을 방문한 김미래 씨는 본인 명의로 정기예금 1억 원과 후순위채권 1억 원을 가입했습니다.

6개월이 지난 어느 날 TV를 보던 김 씨는 B은행이 부실화되어 영업정지를 당했다는 뉴스를 보고 깜짝 놀랐습니다. 다음 날 아침 일찍 B은행을 찾아갔으나 철문은 굳게 닫혀 있었고, 수많은 사람의 아우성 속에 취재기자만 가득했습니다. 여기저기 알아본 결과 정기예금은

후순위채권

채권을 발행한 기업이 파산했을 때, 일반 채권자들의 부채가 모두 청산된 다음 순서로 원리금을 상환받을 수 있는 채권을 말한다. 가입하면 중간에 해지가 불가하고 상환 기간이 5년 이상이라는 단점이 있음에도 상대적으로 일반 채권보다 금리가 높아 고금리 투자상품으로 인식된다. 변제순위에 있어 담보부사채, 은행 대출채권 등 일반 사채보다 순위가 밀리지만 주식보다는 우선하며, 신용도가 양호한 경우에만 발행할 수 있다.

는 재테크, 스스로를 지키는 재테크를 위해서는 일단 제대로 알아
야 합니다.

상품은 광고를 먹고 자란다

학생들을 대상으로 금융교육을 하며 깜짝깜짝 놀랄 때가 있습
니다. "우리나라에는 많은 금융회사가 있죠. 지금 딱 생각나는 곳
은 어디인가요?"라는 질문에 주저 없이 다수의 목소리가 들려옵니
다. "러시앤**! 미즈**!"

요즘 친구들은 방송 중간중간 나오는 '30일 무이자, 전화 한 통
으로 오케이, 여자라서 행복해요' 같은 광고를 매일 접하며 살아갑
니다. 어느덧 대부업체가 우리를 위한 수호천사 이미지로 굳어져
버렸습니다.

금융회사는 상품을 판매하기 위해, 기업의 이미지를 위해 자사

착각하기 쉬운 비보호금융상품

양도성예금증서(CD), 환매조건부채권(RP), 특정금전신탁, MMF, CMA, 펀드, 주가연계증권(ELS), 기업어음(CP), 변액보험, 은행발행채권, 후순위채권

홈페이지는 물론 인터넷 카페, 블로그, 신문, TV 광고 등 가능한 모든 수단과 방법을 동원하여 광고를 합니다. 자본주의 사회에서 기업의 본질은 영리 추구이므로 이를 무조건 비난할 수는 없겠죠. 문제는 언론에 대한 사람들의 무조건적인 믿음에 있습니다.

반복적인 광고에 노출되면 어느 순간 거부감이 사라지고 점차 친숙하게 느껴집니다. 심지어 자신에게 정말 필요하다고 믿게 되죠. 이렇게 형성된 무조건적인 신뢰를 이용하여 어디까지가 정보이고 어디까지가 광고인지 구분하기 어렵게 만드는 것입니다.

신문이나 방송은 기본적으로 광고 수입에 의존하므로 광고주의 입맛에 맞는 내용을 게재할 수밖에 없습니다. 우리가 흔히 접하는 기사 중에도 금융 특집, 부동산 특집 등의 타이틀을 달고 회사가 작성한 홍보자료를 옮겨 놓거나 기사 형식의 광고를 싣는 경우가 있어 문제가 심각합니다. 매체에 나오는 각종 정보의 속성을 간파하고 필요한 부분만 취하려면 스스로 금융지식에 눈뜨는 방법 외에 다른 대안은 없습니다.

공포마케팅이 소탐대실을 부른다

사람들이 가장 두려워하는 것은 돈 없이 오래 사는 무전장수無錢長壽라고 합니다. 이러한 두려움의 일등공신은 금융회사의 '공포마케팅'입니다. 현실과 이상의 간극을 벌려 소비자들에게 필요성을 강하게 인식시키고, 최악의 상황을 예로 들어 불안감을 증폭시키죠. 불안은 합리적인 판단을 무력하게 만들고 즉흥적인 선택을 유도합니다. 그래서 공포마케팅이 가장 효과적인 판매기법 중 하나

이호중 43세

중국 주식에 투자해서 30% 수익을 냈다는 친구, 소형아파트에 투자해서 1억 원의 차익을 남겼다는 사촌, 퇴직 후 매월 350만 원씩 꼬박꼬박 연금이 들어온다며 싱글벙글한 전 직장동료… 주변에서 이런 얘기를 들을 때면 제가 너무 소극적이고 안정적인 투자 성향이라서 뒤처지고 있는 것은 아닌가 하는 의구심이 듭니다. 두 아이를 뒷바라지하느라 아직 노후 준비도 제대로 하지 못한 상황이 답답하고요. 조급한 마음에 조금 더 과감한 투자를 할까 진지하게 고민 중입니다. 어떻게 하면 좋을까요?

PF

대출받는 기업이 수행하는 프로젝트 사업의 수익성과 해당 사업에서 유입될 현금을 담보로 필요한 자금을 대출해 주고 사업진행 중에 유입되는 현금으로 원리금을 상환 받는 금융기법이다. 보통 대규모의 자금이 필요한 SOC사업(도로, 항만, 철도, 통신, 전력, 수도 따위의 공공시설 설비를 제공하는 사업)에 사용되었으나 최근에는 주택사업 등 부동산개발사업에 많이 활용되고 있다.

로 손꼽히는 것이고요.

방법은 간단합니다. 금융회사는 자회사 연구소 명의로 노후자금 마련에 대한 공포심을 한껏 불러일으켜 놓고, 다른 한편에서는 열심히 관련 상품을 홍보합니다. 이 과정에서 언론사들은 광고 수입을 위해 공포 마케팅에 일익을 담당하게 되는 거죠. 불안해진 소비자들은 광고에 자주 등장해 익숙해진 노후 대비 상품에 덜컥 가입합니다. 실제로 공포마케팅에 혹해 잘 알아보지 않고 가입한 상품으로 인해 손실을 보는 사례가 많이 발생하고 있습니다.

한 방을 노리다 한 방에 간다

앞서 잠깐 언급했듯 2011년은 저축은행 사태로 온 나라가 들썩인 한 해였습니다. 자산이 5조 원대인 업계 1위 솔로몬저축은행을 포함해 총 26개 저축은행이 문을 닫았습니다. 저축은행의 부실은 본업인 서민대출에서 벗어나, 그동안 시중은행이 독점해온 건설사 대출사업인 PF대출에 나서면서 시작됐습니다. 2005년 이후 본격적으로 대출 재원 마련 및 BIS자기자본비율을 맞추기 위해 후순위

채권을 고금리로 발행했고, 2008년 말 세계 금융위기로 인해 부동산 경기가 위축되면서 불행한 결과를 낳은 것이죠.

금융회사는 영업정지가 되더라도 맡긴 예금에 대한 안전장치가 있습니다. 1인당 원리금 포함 5,000만 원까지 예금자보호를 해 줍니다. 그런데 문제는 5,000만 원을 초과하는 예금 4,227억 원과 예금자보호가 되지 않는 후순위채권에 투자한 7,820억 원입니다. 피해를 입은 투자자들은 높은 금리에 현혹되어 예금자보호대상 여부는 물론 가장 기본적인 건전성 지표조차 확인하지 않고 부실한 저축은행에 투자했습니다. 심지어 후순위채권이 뭔지도 모르고 투자한 사람도 많았습니다. 예금자보호제도에 대한 정확한 이해, 고위험·고수익의 기본적인 투자원리, 합리적인 금융상품 선택능력이 있었다면 충분히 피할 수 있었던 대표적인 사례입니다.

결국 투자에 대한 모든 책임은 투자자의 몫입니다. 누구에게도 휘둘리지 않고, 자기 자산을 지키고 늘리기 위해서는 알아야합니다. 내가 투자하는 상품이 무엇인지, 얼만큼 위험한지, 위험 부담을 감수할 만한 여유가 있는지, 최악의 경우 어디까지 보호를 받을 수 있는지요. 아는 힘이 여러분과 여러분의 돈을 지켜줄 것입니다.

BIS자기자본비율

국제결제은행(BIS)이 국제 금융시장에서 돈을 빌리고 투자하는 은행들에게 지키도록 한 자본비율로, 금융기관이 얼마나 안전한지를 나타내는 지표이다. 은행이 국제 금융시장에서 영업을 하려면 BIS 자기자본비율 8% 이상을 유지해야 한다. 금융기관의 자기 자본액이 위험 자산의 일정 범위 내에서 유지되지 못하면 해외 차입 자체가 어렵거나 높은 조달 비용을 부담해야 한다.

금융소비자의
당당한 권리

휴대폰 번호이동처럼 간편하게 계좌이동

은행 거래를 하다 보면 서운한 마음이 들 때도 있고, 여러 가지가 쌓여 큰 불만으로 이어지기도 합니다. 하지만 대부분 한 번 거래한 은행을 계속 이용합니다. 은행을 바꾸자니, 주거래 통장(급여통장)과 부수적으로 연결된 각종 공과금, 카드 대금, 보험료, 통신 요금 등을 변경해야 하는 번거로움이 크기 때문입니다. 이러한 불편함을 해결하고자 2015년 10월부터 휴대폰 번호이동처럼 한 번에 모든 거래정보를 바꿀 수 있는 제도가 시행됐습니다. 자동이체 통합 관리서비스(계좌이동서비스)입니다.

자동이체 통합관리서비스는 여러 금융회사에 등록된 본인의 자동이체 등록정보를 '내 계좌 한눈에(www.payinfo.or.kr)' 홈페이지 또는 금융회사 창구에서 일괄 조회하고 해지·변경하는 통합서비스를 말합니다.

기존 거래은행을 방문할 필요 없이 새로 거래하고자 하는 은행을 방문하여 신청하면 한꺼번에 일괄 변경할 수 있습니다. 금융회사 간 경쟁을 활성화함으로써 고객에게 금리, 수수료 등의 혜택이 돌아간다는 장점이 있는 반면, 통장 계좌번호가 바뀌고 기존 주거래 은행에서 받았던 혜택이 소멸된다는 점은 감수해야 합니다.

주거래 계좌뿐만 아니라 소득공제용 연금저축, 개인형퇴직계좌IRP, 개인종합자산관리계좌ISA 등 저축용 투자상품도 계좌이동서비스를 통해 원하는 금융회사로 변경할 수 있습니다. 이들 상품은 단순하게 상품 가입에 만족할 것이 아니라 수익률 관리가 필요하며, 기대에 미치지 못한다면 적극적으로 계좌이동서비스를 활용하는 것이 좋습니다.

광고 말고 정보를 얻고 싶을 때

금융 정보를 얻기 위해 인터넷을 검색하다 보면, 어디까지가 광고이고, 무엇이 정확한 정보인지 알 수 없을 때가 많습니다. 특히 상품을 비교하기 위해서는 여러 정보 사이트를 일일이 찾아 정보를 수집해야 했죠. 이러한 불편함을 줄이고자 금융감독원에서 정보포털사이트를 만들었습니다.

금융감독원이 운영하는 금융소비자정보포털 '파인(fine.fss.or.kr)'은 각 금융기관, 금융회사 등에서 개별적으로 제공하던 금융 관련 정보를 한꺼번에 확인할 수 있는 사이트입니다. 국내 금융 관련 단체의 정보를 한곳에 모았다고 생각하면 됩니다. 개인의 금융거래 내역 조회는 물론, 판매 중인 금융상품의 금리, 수수료, 가입 조건 등의 정보를 확인할 수 있어 유용합니다.

모든 금융계좌 한 번에 조회

2017년 12월 19일부터 본인의 은행, 증권, 보험 등 모든 금융계좌를 한 번에 조회할 수 있는 서비스가 시행되고 있습니다. 이 서비스의 조회대상은 은행, 보험, 상호금융조합, 대출, 신용카드의 상품명, 개설일, 잔액, 계좌번호 등 입니다.

앞서 언급한 두 사이트, '파인'과 '내 계좌 한눈에' 홈페이지를 방문하면 별도의 회원 가입 없이 공인인증서와 휴대폰으로 본인 인증 후 여러 금융회사의 계좌 정보를 확인할 수 있습니다. 기존에 운영했던 은행의 '계좌통합관리서비스', 보험의 '내 보험 다 보여', 카드의 '크레딧포유' 등 각 업권별 조회시스템을 하나로 통합한 서비스로 오전 9시부터 오후 10시까지 연중무휴 조회할 수 있습니다.

지금껏 있는지도 몰랐던, 잔액이 얼마 안 된다는 이유로 내팽개쳤던 계좌를 다시 한 번 살펴보고 정리하세요. 소액의 잔액을 본인의 사용하는 다른 계좌로 이전하거나 기부할 수 있습니다.

금융이해력 체크리스트

'금융이해력 체크리스트'는 한국은행과 금융감독원이 발표한
[전 국민 금융이해력 조사]의 조사항목을 일부 수정하여 작성했습니다.

금융지식

최소한 손해 보지 않는 투자, 합리적인 금융생활을 위해 갖추어야 할 기초지식은 필수입니다. 나의 금융지식은 어느 정도인지 확인해 볼까요?

01　물가상승률 3%를 가정할 때 1,000만 원을 받기 위해 1년을 기다려야 한다면, 1년 후 받은 돈으로 살 수 있는 물건의 양은 지금 돈을 받아서 사는 것과 비교하여 어떨까요?

　　① 지금보다 더 많은 물건을 살 수 있다
　　② 동일한 양의 물건을 살 수 있다
　　③ 지금보다 살 수 있는 물건이 줄어든다

02 100만 원을 연이율 2%의 저축성예금에 저축한 후 추가적인 입금과 출금이 없다면 1년 뒤에 동 계좌에는 몇만 원이 남아 있을까요?

정답 : _____ 만 원

03 100만 원을 연이율 2%의 복리 이자로 5년 동안 입금해 둔다면 5년 후에는 얼마나 될까요?

① 110만 원 초과
② 110만 원
③ 110만 원 미만
④ 주어진 정보로는 계산 불가능

04 다음 중 예금자보호대상 상품은 무엇인가요?

① 증권회사의 수익증권
② 저축은행의 정기적금
③ 보험회사의 변액보험
④ 은행의 양도성예금증서

05 다음 중 금융사기를 예방할 수 있는 방법은 무엇인가요?

① 직장에서 신원 확인을 위해 공인인증서, 보안카드 등을 요구할 때는 이를 제출한다
② 낯선 사람이 보낸 이메일이나 문자메시지의 인터넷 링크로는 절대 접속하지 않는다
③ 대출모집인에게 중개수수료를 지급한다
④ 생활정보지의 고수익보장 광고를 보고 투자한다

다음 설명 중 맞으면 O, 틀리면 X 하시오.

06 수익률이 높은 투자상품은 상대적으로 큰 위험을 수반한다   O | X

07 높은 인플레이션율은 생활비가 빠르게 증가한다는 것을 의미한다   O | X

08 일반적으로 여러 종류의 주식에 분산투자함으로써 투자위험을 감   O | X
   소시킬 수 있다

09 금융투자상품은 원금이 보장된다   O | X

10 대출이나 신용카드는 쓰지 않는 것이 신용등급에 유리하다   O | X

11 소액 연체는 신용등급에 영향을 주지 않는다   O | X

12 자신의 신용등급을 자주 확인하여 신용등급을 관리하는 것이 바람   O | X
   직하다

금융행위

건전한 금융경제 생활을 영위하기 위한 행동양식입니다. 돈에 대한 행동과 태도를 점검함으로써 금융문맹의 기질이 있는지 진단해 볼 수 있습니다.

질 문	전혀 동의 않음	동의 않음	보통	동의	매우 동의
상품을 구매하기 이전에 상품 대금을 지급할 여유가 있는지 면밀히 점검한다	1	2	3	4	5
각종 청구대금(공과금, 관리비, 카드 대금 등)을 정해진 기일 내에 납부한다	1	2	3	4	5
평상시 나의 재무상황에 대해 점검하는 편이다	1	2	3	4	5
금전 문제에 대해 장기 목표를 가지고 있으며, 그것을 이루기 위해 노력하는 편이다	1	2	3	4	5
최근 1년간 적극적으로 저축해 본 적이 있다	1	2	3	4	5
금융상품 가입 시 주요 내용과 위험성을 꼼꼼히 살펴본다	1	2	3	4	5
대출받기 전에 나중에 갚을 수 있는지 먼저 따져보고 결정한다	1	2	3	4	5

28점 이상 합리적인 생활자입니다   **18점~27점** 주의가 필요합니다   **17점 이하** 심각한 문제의 소유자입니다

금융태도

　돈을 대하는 태도는 금융문맹 여부를 판단하는 중요한 잣대가 됩니다. 돈의 가치를 인식하고 미래를 준비하는 사람들이 향후 높은 금융역량을 지니기 때문입니다.

질 문	매우 동의	동의	보통	동의 않음	전혀 동의 않음
나는 돈을 장기간 저축하는 것보다 현재 지출하는 것에 더 만족감을 느낀다	1	2	3	4	5
나는 현재(오늘)를 위해 살고 미래에 대해서는 걱정하지 않는다	1	2	3	4	5
돈은 쓰기 위해 있는 것이다	1	2	3	4	5
상품을 구매할 때 현금보다 신용카드를 선호한다	1	2	3	4	5

15점 이상 좋은 태도를 가진 사람입니다　**10점~14점** 노력이 필요합니다　**9점 이하** 절대적으로 주의가 필요합니다

02

스마트한
재테크 습관을 키워라

재테크의 99%는
습관이다

절대 배신하지 않는 돈의 습관

사회초년생 때에는 갖고 싶은 것도 많고 하고 싶은 것도 많습니다. 지금껏 고생한 부모님께 선물도 하고 싶고, 늘 얻어먹던 친구에게 한턱내고도 싶죠. 그러다 보면 씀씀이는 점점 커지고, 학자금대출에 생활비, 각종 명목으로 빠져나가는 월급에 '텅장(텅 빈 통장)'이 되기 일쑤입니다. 심지어는 계획 없는 소비로 얼마 안 되는 월급을 다 써버리고 빚을 지는 경우도 있습니다.

재테크는 습관입니다. 하루 이틀에 끝날 단기전이 아니라 평생을 함께할 친구로 여기고, 요령보다는 원칙을 지키며 제대로 시작하는 것이 중요합니다. 여러분의 생활습관을 잘 돌아보세요. 반복을 통해 습관으로 굳어진 행동은 의식하지 않아도 자연스럽게 나옵니다. 재테크도 마찬가지입니다. 첫 단추를 잘 끼우고 좋은 습관을 들이면 평생 긍정적인 방향으로 자산을 관리하고 운용할 수 있습니다.

결국 사회초년생이 할 수 있는 최고의 재테크는 좋은 습관을 하나하나 쌓아가는 것입니다. 특히 소비습관에 따라 평생의 부가 결정된다고 해도 과언이 아닙니다. '그 친구 돈 버는 거 보면 운이 참 좋다'라는 얘기 들어본 적 있죠? 운이라는 것도 기본 터를 닦아 놓아야 좋은 기회와 어우러져 좋은 결과를 가져오는 것입니다.

01 월급날을 저축하는 날로 만들어라

재테크와 관련하여 사회초년생들에게 가장 많이 조언하는 부분이 바로 '선 저축 후 소비 습관'입니다. 먼저 저축하고 난 뒤 남은 돈을 쓰라는 의미죠. 예전엔 당연했던 얘기지만 현재를 즐기는 젊은 세대에게는 낯설게 느껴질 수 있습니다. 나중에 남는 돈으로 저축한다는 말은 저축을 하지 않겠다는 말과 같습니다.

재테크를 제대로 하는 사람들의 공통점은 금액이 많고 적음을 떠나서 '월급날이 저축 날'이라는 점입니다. 월급 타면 무언가를 사야겠다는 생각 대신 허리띠를 바짝 동여매고 최대한 저축을 합니다. 친구도 만나고 싶고 취미 생활도 하고 싶겠지만, 모든 활동에는 소비가 자리하고 있습니다. 한 걸음 앞선 출발을 위해 잠시 양보하는 것도 필요합니다. 그 시기가 빠를수록 앞서 나갈 수 있고 더 나은 미래를 여유 있게 준비할 수 있기 때문입니다.

만약 의지가 약하고 자신도 모르게 소비를 일삼는 사람이라면, 강제적인 시스템을 활용하는 것이 좋습니다. 자의로 '텅장'을 만들어 보세요. 급여일에 맞춰서 자동이체 등록을 하는 거죠. 미처 쓸 새도 없이 자동으로 빠져나가니 소비를 줄이고 저축을 하는 데 큰 도움이 됩니다.

적금이나 적립식펀드에 투자하는 경우, 정기적립과 자유적립을 선택할 수 있습니다. 매달 동일한 금액을 넣어야 한다는 부담감 때문에 정기적립보다 자유적립 상품을 선호하는 사람이 많은데요. 그때그때 상황에 맞게 관리할 수 있는 자유적립식 상품이 좋아 보이지만, 가입만 해놓고 만기를 맞이하는 사람이 대부분입니다.

금액이 적더라도 정기적립식 상품에 가입하여 강제저축을 해야 목표를 달성할 수 있으며, 추가납부가 가능한 상품도 있으니 불규칙적인 여유자금이 생긴다면 이를 활용하는 것이 더욱 효율적입니다.

02 주거래 은행을 만들어라

자산관리를 위한 금융회사는 다양하지만, 그중에서 부자들이 가장 선호하며 초보자에게 가장 필요한 금융회사는 은행입니다. 은행은 재테크의 기본이 되는 예·적금부터 펀드, 카드, 보험, 대출, 외환 등 거의 모든 상품을 취급하는 금융업무의 백화점이기 때문입니다.

직장인이라면 월급통장을 중심으로 주거래 은행을 정해 자주 이용하는 것이 좋습니다. 금융회사는 고객의 충성도를 높이고 보다 체계적으로 관리하기 위해 주거래 고객 우대제도를 시행하고 있습니다. 이를 통해 고객은 수수료 면제, 대출금리 할인, 환율 우대 등 차별화된 서비스와 혜택을 받을 수 있죠.

그렇다면 주거래 은행은 누가 정하는 걸까요? 단순히 오래, 자주 이용하면 주거래 은행이 되는 걸까요? 대부분 은행은 고객의 예금, 대출, 카드 등 모든 거래실적을 점수화하여 주거래 등급을 산정한 후 그에 따라 다양한 혜택을 부여합니다. 본인뿐 아니라 배우자, 부모, 자녀 등 가족의 거래실적도 합산하여 가족이 함께 혜택을 누릴 수 있습니다. 다만 가족의 실적을 합산하기 위해서는 개인정보 보호를 위해 반드시 동의를 받아야 합니다.

주거래 은행을 정했다면, 자신의 전담직원을 만들어 보세요. 일단은 서로 말이 통하는 편안한 직원을 선택해 수시로 만나며 정보를 얻고 투자에 조언을 구합니다. 제도화된 우대 혜택 외에 새로운 상품에 대한 정보를 얻거나 시장의 흐름을 파악하는 데 도움을 받을 수 있을 것입니다.

03 경제신문을 가까이 하라

본격적인 재테크에 앞서 경제와 금융에 대한 지식을 쌓는 습관도 중요합니다. 가장 좋은 방법은 경제신문이나 종합일간지의 경제면을 꾸준히 읽는 것입니다. 경제 분야가 어렵다고 생각하는 사람이 많을 텐데요. 자신과 상관없는 내용이라고 생각하면 당연히 어렵고 지루하게 느껴집니다. 하지만 자세히 들여다보면 경제신문에는 우리 생활과 밀접한 각종 정보가 가득합니다.

특히 사회초년생이라면 인터넷 기사보다는 한 달만이라도 신문을 구독해 보기를 권합니다. 습관처럼 매일 기사를 읽다 보면 어느 순간 자신에게 유용한 정보가 눈에 띄고, 정보를 바탕으로 실제 상품에 투자해보며 흥미를 갖고, 경험이 쌓이면서 자기만의 재테크 방향을 잡는 선순환 구조가 만들어질 것입니다.

04 돈에 꼬리표를 붙여라

돈은 모으는 재미와 쓰는 재미를 동시에 가지고 있습니다. 처음에는 돈 쓰는 재미가 훨씬 크겠지만, 목표를 가지고 차곡차곡 모으다 보면 모으는 재미에 푹 빠지게 됩니다. 그렇다면 저축은 어떻게 해야 효율적일까요? 중요한 것은 규모보다 실현 가능한 목표입니다.

저축 습관이 몸에 배어 있지 않은 사회초년생은 목표를 눈으로 확인하며 동기부여를 유지할 수 있도록 돈에 꼬리표를 다는 작업이 필요합니다. 각각의 통장에 붙여놓은 꼬리표(이름표)는 목적의식을 심어줌으로써 지루한 저축을 장기간 버틸 수 있게 합니다. 금액이 적더라도 꾸준히 유지하면 복리효과와 위험분산 효과도 기대할수 있어 장기 목적자금을 만드는 데 유용합니다.

먼저 얼마를 모아 어떻게 소비할지 구체적으로 상상해 보세요. 1년짜리 적금에 '하와이 여행'이라는 이름표를 달아놓으면 1년 후 떠날 하와이를 생각하며 참고 힘든 시기를 버틸 수 있습니다. 2년 후 있을 부모님 칠순 잔치에 사용할 '칠순 잔치 자금' 통장이라면 쉽게 해지해서 사용하기가 어려워집니다. 작은 이름표 하나에도 돈을 대하는 마음가짐이 달라지고 목적의식이 생기게 될 것입니다.

꼭 사회초년생이 아니더라도 돈 관리를 제대로 하기 위해서는 인생 주기에 맞는 재무목표를 세우고 각각의 부분에 필요한 자금에 꼬리표를 달아 관리하는 것이 좋습니다. 일부 은행에서는 여러분을 위해 통장표지에 자금의 용도를 기록해주기도 합니다. 본인의 주거래 은행에 이러한 제도가 없다면 직접 통장 겉표지에 큼직하게 이름표를 기록해 주세요.

05 중도해지도 습관이다

저축을 시작할 때는 금리와 이율 등을 꼼꼼히 따져보며 열정을 보이다가 정작 유지와 관리에는 소홀한 사람이 많습니다. 시작보다 더 중요한 것은 마무리입니다. 마지막에 손에 쥐는 돈이 실질적인 '내 돈'이기 때문입니다.

금융감독원 자료에 의하면 2016년 국내 시중은행의 예·적금 중도해지 비율이 35.7%라고 합니다. 그중 1년 만기 상품의 중도해지비율은 약 20%, 3년 이상 적금은 약 60% 이상입니다. 가입한 상품을 만기까지 유지하지 못하는 사람이 생각보다 많고, 가입기간이 길수록 해지 확률이 높다는 사실을 알 수 있습니다. 중도해지 경험이 있는 사람은 다음번에도 쉽게 포기하는 경향이 있습니다. 해지가 습관이 되면 목표달성이 어렵고, 목표를 이뤄본 경험이 없으니 동기부여가 잘 되지 않는 악순환이 이어집니다. 특히 저축 경험이 부족하고 의지도 약한 초보자는 되도록 투자 기간을 짧게 잡고 목표달성의 기쁨을 반복적으로 누리는 것이 좋습니다.

혹시 자금이 부족해서 적금을 해지해야 하는 경우가 생긴다면, 은행에 '통보' 대신 '상담'을 하세요. 불가피하게 만기를 채우지 못하고 해지를 해야 하는 경우, 많은 사람들이 "이 통장 해지해 주세요"라고 입을 뗍니다. 금융회사 직원은 되물을 이유도, 해지를 만류할 이유도 없습니다. 중도해지를 하면 이자를 주지 않으므로 수익에 도움이 되기 때문입니다. 반면 "제가 자금이 필요한데 어떻게 하면 좋을까요?"라고 문의하면 그냥 해지하는 것이 좋을지, 아니면 예금담보대출이 유리할지, 가장 효율적인 방안을 제시하고 도움을 줄 것입니다.

절대로 먼저 '해지'라는 단어를 꺼내지 마세요. 해지는 언제나 최후에, 어떤 방법도 없을 때, 전문가가 '해지하는 것이 이득입니다'라고 분명하게 말하지 않는 이상은 생각하지 않는 것이 바람직합니다.

06 투자자산 점검을 게을리하지 마라

마지막으로 강조하고 싶은 습관은 자신의 투자자산에 대한 정기적인 점검입니다. 좋은 투자를 하는 것도 중요하지만 투자한 돈을 점검하는 것 역시 투자 못지않게 중요합니다. 기업이 월별·분기별·연별 결산을 통해 실적과 업무를 점검하고 다음 단계로 나갈 준비를 하듯, 스스로의 투자 활동 및 소비습관을 돌아보며 목표를 향해 잘 가고 있는지, 그렇지 않다면 무엇이 문제인지, 어떻게 수정할지에 대해 생각해보는 것이죠. 빨리 가는 것보다 올바른 방향으로 꾸준히 가는 것이 중요하기 때문입니다.

자신의 성향과 재무목표에 따라 포트폴리오를 구성했다면, 정기적으로 포트폴리오를 점검하고 조정함으로써 투자자산의 리스크와 수익관리를 하세요. 현재의 자산 규모와 자산별 비중, 가입상품의 현황과 수익률 등을 체크할 필요가 있습니다. 최소 1년에 한 번 이상 점검하길 권합니다.

습관을 행동으로
옮기는 방법

가계부, 쓰고 계신가요?

"재테크 강연을 가면 꼭 가계부를 열심히 쓰라고 하네요."

"가계부를 열심히 쓰면 정말 부자가 될 수 있나요?"

재테크를 시작하는 사람들에게 가장 먼저 권하는 '비법'은 가계부입니다. 저축의 가장 큰 적은 소비임을 모두가 알고 있습니다. 소비를 줄이기 위해서는 먼저 자신의 소비패턴을 제대로 알고 하나씩 고쳐나가야 합니다. 이를 위한 작은 도구가 바로 가계부입니다.

인천대학교 소비자아동학과 성영애 교수의 〈가계부작성행동과 효과에 관한 연구〉에 따르면 응답자의 66.4%가 가계부를 작성하지 않았고, 가계부를 작성하지 않는 이유로는 '귀찮아서'라는 응답이 44.6%로 가장 많았습니다. 연구 결과 가계부 작성은 안정감을 기반으로 한 정서적 효과와 충동구매 억제 효과가 있다고 합니다.

그럼 가계부를 쓰기만 하면 되는 걸까요? 가계부를 열심히 작성하는데도 소비도 저축도 그대로라면 가계부를 작성하는 이유에 대해 다시 생각해봐야 합니다. 가계부는 단순히 나의 소비를 기록하는 사관의 역할이 아닙니다. 수입과 지출을 정확히 작성하여 스스로를 객관적으로 돌아봄으로써 고정지출과 변동지출의 현황을 파악하려는 것입니다. 이를 통해 줄일 수 있는 항목을 찾아내고 실제 줄이는 노력을 하는 것까지가 '가계부 쓰기'라고 할 수 있습니다. 절약과 저축으로 이어지지 않는 가계부 작성은 지출내역을 열심히 정리하는 것일 뿐이죠. 가계부, 잘 쓰고 계신가요?

사회초년생이 가계부를 써야하는 이유

가계부는 재테크를 시작하는 모든 사람에게 중요하지만 사회초년생에게는 특히 의미가 큽니다.

첫째, 언제 어디서 얼마를 지출했는지 투명하고 객관적으로 알 수 있습니다. 많은 사람이 사용내역이 뻔하다며 작성을 미루죠. 그러나 소액으로 사용한 내역까지 하나하나 작성해보면 생각보다 더 지출이 많다는 것을 알 수 있습니다.

둘째, 불필요한 소비내역을 찾아 점검할 수 있습니다. 매달 '텅장'이 반복되는 이유는 지난 소비에 대한 반성이 부족하거나 잘못된 소비를 인지하지 못했기 때문입니다. 잘 쓴 가계부는 소비습관을 제대로 인지하고 바로잡을 수 있는 계기를 만들어줍니다.

셋째, 계획적인 소비와 확실한 소비통제가 가능해집니다. 자신의 소비내역을 인지하고 불필요한 부분까지 체크했다면, 자연스럽게 효율적인 소비를 하고자 노력하게 됩니다. 이를 통해 저축의 적이었던 소비를 통제할 수 있게 되죠.

마지막으로, 소비패턴을 바탕으로 향후 재무계획을 세울 수 있습니다. 가계부를 1년 정도 쓰다 보면 전기세, 통신비 등 지속적으로 지출되는 고정지출과 경조사, 교육비 등 변동지출의 현황을 한눈에 파악할 수 있어 구체적인 재무계획에 도움이 됩니다.

가계부는 '꼼꼼히'가 아니라 '꾸준히'

그럼 효과적으로 가계부 작성하는 방법은 무엇일까요? 가계부는 매일매일 빼놓지 않고 기록하는 것이 중요합니다. 한꺼번에 몰아 쓰면 지출내용을 잊어버리거나 귀찮아져서 중도에 포기할 확률이 높습니다. 자신에게 맞는 항목을 설정하고 단순화하세요. 꼼꼼하게 작성한다고 세부적으로 늘어놓으면 금세 지치고 분류도 어렵습니다. 기록하기 쉬워야 꾸준히 작성할 수 있습니다.

앞서 가계부는 쓰는 것보다 주기적으로 점검하고 실천에 반영하는 것이 더 중요하다고 말씀드렸죠. 매월 항목별로 지출현황을 살펴보면 자신이 어디에 돈을 많이 쓰고 있는지, 어느 항목의 지출을 줄일 수 있는지 알 수 있습니다. 이때 한 달 동안 고정적으로 써야 하는 식비, 보험료, 적금, 공과금 등이 얼마인지 파악하고, 미리 지출금액으로 확보하면 수월합니다.

스마트폰을 활용한 가계부 앱

예전에는 금융회사에서 홍보용으로 나눠주던 종이가계부를 많이 썼습니다. 요즘은 구하기도 힘들뿐더러, 스마트폰 앱이 워낙 잘 나오기 때문에 좀 더 쉽고 체계적으로 관리할 수 있는 방법이 많습니다. 대부분의 가계부 앱은 문자나 은행 모바일 앱 푸시 알림을 자동으로 인식하여 지출내역을 항목별로 정리해줍니다. 지출영역별 구분은 물론 지출수단별 통계도 간편하게 볼 수 있습니다. 요즘 많이 사용하는 가계부 앱을 알아볼까요?

먼저 꼼꼼한 관리가 힘든 사람에게는 '네이버 가계부'를 추천합니다. 네이버와 연동돼 모바일과 PC에서 언제든지 가계부를 쓸 수 있고 자동 기능이 많아 간편한 것이 특징입니다. 직접 입력하지 않아도 문자 수신과 동시에 가계부에 반영되고 세부 항목이 자동 매핑되며, 수입과 지출에 대해 분류별·결제수단별로 집계한 통계 그래프가 제공되어 지출내역을 한눈에 확인할 수 있습니다.

수입·지출 기록만으로 부족하다면, 흩어진 금융정보를 한데 모아 지출과 자산을 관리해 주는 '뱅크샐러드'를 활용해 보세요. 뱅크샐러드는 공인인증서 등록으로 전체 자산의 흐름을 파악할 수 있다는 장점이 있습니다. 카드 내역이 매일 정리되어 자산 흐름을 확인할 수 있으며, 은행, 카드사, 증권사, 보험사와 연동할 수 있다는 점도 매력적입니다.

자신이 사용하는 주거래 은행에서 사용하는 가계부 앱을 활용하는 방법도 있습니다. 자주 쓰는 카드의 지출내역이 자동으로 입력되므로 관리가 쉽습니다. 이외에도 '똑똑 가계부', '편한 가계부' 등 다양한 앱이 있으므로 자신에게 맞는 가계부를 정하여 활용하면 됩니다.

통장을 쪼개면 돈이 모인다?

똑같은 월급을 받아도 어떤 사람은 자산을 늘려나가고, 어떤 사람은 제자리걸음이거나 뒷걸음질을 칩니다. 차이는 어디에서 오는 걸까요?

자산을 늘리기 위해서는 통장의 효율적인 관리가 우선되어야 합니다. 흔히 말하는 '통장 쪼개기'는 획기적인 금융상품이 아니라 월급통장을 중심으로 용도에 맞게 통장을 여러 개로 나누어 관리하는 것을 의미합니다. '돈에 꼬리표 달기'의 행동편이라고 할 수 있죠. 목적에 따라 통장을 구분하여 사용하면 맞춤형 예산관리가 가능하고, 쪼개진 통장이 가계부와 같은 역할을 하면서 현금흐름을 한눈에 파악하여 관리할 수 있습니다.

먼저 자신의 총 수입을 파악하세요. 그리고 총 4개의 통장을 만듭니다. 일시에 만들 수도 있고 시차를 두고 만들 수도 있겠죠. 통장의 용도는 다음과 같습니다.

01 급여통장

급여통장은 월급을 포함한 모든 수입이 모이는 허브 통장으로, 잔액이 0원이 되도록 관리합니다. 각종 공과금, 보험료, 대출이자 등의 고정지출을 비롯하여 투자통장과 소비통장, 비상금통장으로 돈을 분배합니다. 모든 내역은 되도록 월급 당일에 자동이체로 빠져나가도록 해야 연체 없이 통장에 거래정보를 남길 수 있습니다.

02 투자통장

투자통장은 종잣돈 마련, 결혼자금, 주택 마련 등 자신의 재무목표 달성을 위한 자금을 만드는 통장입니다. 고정지출 다음으로 우선순위를 두고, 필수 소비를 제외한 가능한 많은 금액을 저축하는 것이 좋습니다. 자신의 투자성향에 맞는 투자상품을 선택하는 것이 중요하며, 매월 투자의 평가금액을 점검하는 일도 잊지 말아야 합니다.

03 소비통장

소비통장은 생활비, 교통비, 식비, 문화생활비 등 매달 마음먹기에 따라 달라질 수 있는 변동지출을 위한 통장입니다. 소비통장을 만들면 정해진 비용 내에서만 지출해야하므로 충동적인 소비를 억제할 수 있어, 돈 관리에 익숙하지 않은 초보자에게 가장 효과적인 통장입니다.

처음 통장관리를 시작할 때는 과거 3개월 평균 변동지출금액을 파악하여 이체하고 시간이 지날수록 조금씩 줄여나가 보세요. 만약 한 달 사용하고 남는 돈이 있다면 다음 달로 넘기는 것이 아니라 비상금통장으로 이체하여 잔액을 0원으로 만듭니다. 비상금으로 이체한 금액만큼 다음 달 소비통장에 넣는 돈을 줄이면 조금씩 지출금액이 줄어드는 것을 느낄 수 있을 것입니다.

결혼을 해서 부부가 함께 통장 쪼개기를 실천하는 경우, 소비하는 인원만큼 체크카드를 발급받아 한 개의 통장으로 사용해야 지출처에 대한 관리를 할 수 있으며, 세부적인 가계부 역할을 수행하게 됩니다.

04 비상금통장

비상금통장은 통장 쪼개기 시스템을 끝까지 유지하기 위한 예비통장입니다. 이 통장은 갑자기 자금이 필요할 때 저축이나 투자통장을 깨지 않기 위해 필요합니다. 상여금이나 보너스 등을 적극 활용하고 소비통장의 잔여 자금을 모아 놓습니다.

정해진 금액은 없지만 통상 급여의 3개월 치 정도가 적당하며, 그 이상의 금액은 다시 투자통장으로 이체하여 운용합니다. 적은 금액이 아니므로 입출금통장보다는 CMA나 MMF, MMDA 등의 단기투자상품에 넣어두는 것도 좋은 방법입니다.

쇼핑하듯 꼼꼼하게 따져보고 고르자

예전에는 재테크를 하려면 열심히 발품을 팔라는 말이 불문율로 통했습니다. 그러나 오늘날 우리는 인터넷이 모든 것을 해결해주는 시대에 살고 있습니다. 어디서든 클릭 몇 번이면 원하는 정보를 넘치게 수집할 수 있죠. 이러한 현상을 반영하듯 2018년 3월 말 기준, 은행 창구 입출금거래 비중은 전체의 9.5%에 불과했습니다.

인터넷 사이트에 올라오는 예금·대출 금리는 모든 고객에게 공통으로 제시되는 금리입니다. 창구에서는 거래실적이나 금액을 고려해 우대금리를 제공하기도 하고, 특판 형태로 깜짝 이벤트를 하는 경우도 있습니다. 그러므로 발품을 팔거나 전화로 상담원을 연결해 진행 중인 이벤트가 있는지, 추가로 받을 수 있는 혜택이 무엇인지 등을 확인하면 도움이 됩니다.

또한 동일한 상품은 꼼꼼하게 비교하는 습관을 가져야 합니다. 이제는 금융상품도 공산품과 같습니다. 시장이나 마트에서 물건을 비교하고 구매하듯 금융상품도 적절한 쇼핑이 필요합니다.

대부분의 사람들이 주거래 고객에게 더 많은 혜택을 준다고 생각합니다. 틀린 말은 아닙니다. 하지만 주거래 고객보다 더 많은 혜택을 받는 경우도 있습니다. 바로 '신규 고객'입니다. 금융회사의 입장에서는 새로운 고객 유치가 중요하다 보니 더 많은 우대금리와 수수료 감면 등을 미끼로 영업에 집중하는 것입니다. 그러니 주거래 고객으로 얻는 혜택과 신규 고객으로 얻는 혜택 역시 비교해 살펴보세요.

비상금 통장을 활용할 때 알아두면 좋은 투자상품 삼총사

종류	내용	예금자보호 여부
CMA Cash Management Account	투자자로부터 예탁금을 받아 운용하고 발생한 수익을 투자자에게 되돌려주는 상품으로, 예탁금의 운용대상에 따라 RP형, 종금형, MMF형, MMW형으로 구분된다. 증권사에서 판매하는 상품이지만 다른 금융회사들과의 제휴를 통해 카드를 연계하여 사용할 수 있고, 최근에는 급여 이체, 각종 공과금의 자동이체, 인터넷뱅킹 등 기존 은행 업무까지 활용 범위가 점점 넓어지는 추세이다. 실적배당형 상품으로 예금자보호가 되지 않는다는 단점이 있다.	X
MMF Money Market Fund	자산운용회사에서 만기 1년 이내의 단기금융상품에 투자하여 수익을 내는 실적배당형 상품으로 은행과 증권사에서 판매한다. 상대적으로 안전하게 운용하여 손실 위험이 거의 없고 CMA 수준의 높은 수익률을 얻을 수 있어, 은행에서 투자대기자금을 일시 예치하는 입출금통장으로 사용할 수 있다. 하지만 시장이 급변하면 유동성의 문제가 발생할 수 있고, 자산운용사들이 수익률 경쟁을 하는 경우 낮은 신용등급의 채권 편입에 따른 위험을 가질 수 있다.	X
MMDA Money Market Deposit Account	은행에서 취급하는 수시입출금 통장으로 높은 금리와 함께 각종 이체 및 결제도 할 수 있으며, 예금자보호대상 상품에 해당한다. 그러나 MMF, CMA 등과 같은 단기투자상품이 금액에 상관없이 동일한 수익률로 수익을 지급하는 데 반해 MMDA는 예치금액에 따라 금리가 차등 적용된다. 1억 원 이내의 자금인 경우에는 경쟁상품 대비 경쟁력이 떨어지나 시장 상황과 관계없이 언제든지 입출금이 가능하다.	O

신혼부부,
통장을 결혼시켜라

결혼 전 꼭 챙겨야 할 경제관념

사실 연애 시절에는 예쁜 것만 보이기 마련입니다. 누가 시키지 않아도 서로 배려하고 양보하며 모든 것이 즐겁고 행복합니다. 그러나 결혼하는 순간 현실과 마주하게 됩니다. 하나의 독립된 가정을 꾸리기 위해 필요한 비용과 자녀 계획, 노후 생활까지 평생을 어떻게 살아갈지 함께 고민해야만 하죠. 연애 때는 전혀 문제되지 않았던 각자의 경제관념이 '우리'의 문제로 다가오면서 현실에 부딪혔다는 느낌을 받게 될 것입니다.

그러므로 결혼 전 자신은 물론 예비 배우자의 경제관념과 생활

습관에 관한 점검이 필요합니다. 결혼을 약속했다면 현재 서로의 자산이 얼마인지 솔직하게 공유하세요. 이는 서로에 대한 신뢰이며, 두 사람의 자산 현황을 정확히 알아야 효율적인 재무설계를 시작할 수 있습니다. 적으면 적은대로 그에 맞는 준비를 하고, 중복으로 가입한 상품은 리모델링을 통해 효과적으로 운용하는 것이 좋습니다.

채무 현황에 대한 공유도 잊지 마세요. 일반대출뿐만 아니라 학자금대출, 자동차 할부금, 카드론, 지인과의 채무, 보증 관계 등 모든 것을 포함합니다. 결혼하는 순간, 혼자만의 대출이 아니므로 함께 상환계획을 세워야 합니다.

연애 시절에는 남자든 여자든 돈을 잘 쓰는 사람을 좋아합니다. 사랑하는 만큼 돈을 쓴다고 여기기도 하죠. 하지만 결혼을 하면 관점이 달라져야 합니다. 흥청망청 쓰는 만큼 미래를 위한 준비는 멀어져 갑니다. 결혼 전부터 지켜온 알뜰한 소비습관이 결혼 후 종잣돈을 모으는 최고의 무기가 된다는 사실, 꼭 기억하기를 바랍니다.

경제 주도권은 누가 잡는 것이 좋을까?

권재범 33세   이슬비 30세

지난달에 결혼한 권재범 씨와 이슬비 씨는 아직도 가정의 경제권을 누가 가질 것인지를 두고 신경전 중입니다. 결혼 전부터 경제권에 관한 대화를 나눴지만 결론을 내지 못한 부부는 요즘도 생활비와 공과금 등 공동경비를 반씩 나누어 부담하고 각자 번 돈을 알아서 쓰고 있습니다.

먼저 결혼한 선배의 말을 듣고 '신혼 때 경제권을 빼앗기면 끝장'이라고 생각하는 남편은 용돈을 타서 쓰느니 차라리 반반씩 부담하며 살자고 주장합니다. 아내는 '대부분 여자가 경제권을 가지고 있고, 꼼꼼히 관리할 사람은 자신'이라며 경제권을 달라고 주장합니다. 팽팽하게 펼쳐지는 기 싸움의 끝은 어디일까요? 경제 주도권은 누가 잡는 것이 좋을까요?

여러분도 비슷한 논쟁을 들어본 경험이 있을 것입니다. 그만큼 중요하고 민감한 문제기 때문이겠죠. 하지만 이제는 경제권에 대한 생각의 전환이 필요합니다. 경제권은 두 사람의 관계에 대한 주도권이 아닙니다. 경제권을 가지면 관계의 우위를 차지한다는 생각도 잘못된 것이죠. 상당수가 아무런 준비 없이 상대방에게 무조건 경제권을 넘기라고 합니다. 경제권은 권력이 아니라 우리 가정의 경제적 독립을 위해 더 노력하고 희생할 적임자를 선택하는 것입니다. 경제에 관심이 많고 돈이나 재테크에 밝으며 저축 의지가 더 강한 배우자가 주도적으로 하는 것이 좋습니다.

맞벌이 부부의 경우에는 사회생활을 하므로 개인 용돈이 별도로 필요합니다. 이때도 공동생활비와 개인 용돈을 명확하게 구분해서 사용해야 합니다. 사생활이 필요한 부분은 개인 용돈으로, 부부가 공동으로 사용하는 부분은 공동생활비로 써야 명확하게 사용항목을 관리할 수 있으며, 각자의 충동적인 소비가 절제되는 효과를 얻을 수 있습니다.

통장도 결혼식이 필요하다

신혼부부의 재테크는 결혼 후 3년 안에 결정된다고 해도 과언이 아닙니다. 신혼 때는 자녀가 없어 목돈 들어갈 일도 없고, 설령 자녀가 있다고 하더라도 아직 어리기 때문에 종잣돈을 크게 모을 수 있는 최적의 시기입니다.

요즘 젊은 맞벌이 부부 중에는 공동 생활비만 나눠 내고 각자

자유롭게 관리하는 경우도 많습니다. 현재 삶을 맘껏 즐긴다는 의미에서는 부럽기도 하지만, 아직도 각자의 생활에 집중하느라 미래에 대한 준비를 미루고 있다는 생각에 안타깝습니다. 하루라도 빨리 돈을 모으고 싶다면 '통장 결혼식'을 올려 주세요.

서로의 수입을 가감 없이 공개하고 두 사람의 통장을 합쳐서 월급과 상여금, 비상금 등을 하나의 계좌로 모으세요. 한 통장으로 수입이 집중되면, 들어오고 나가는 금액을 부부가 한눈에 확인할 수 있어 합리적인 지출과 저축을 하는데 훨씬 효과적입니다.

부부는 인생의 크고 작은 목표를 함께 고민하고 계획해야 합니다. 혼자 사는 인생이 아닌 만큼 짧게는 종잣돈 마련부터 길게는 내 집 마련, 자녀 교육비, 노후자금까지 생애주기에 맞는 재무목표를 설정해야 합니다. 이를 위해서는 공동의 목표와 약속이 가장 중요합니다. 충분한 대화를 통해 목표를 정하고, 통장 쪼개기와 적극적인 공동 책임 운영으로 하나씩 실천해 보세요. 함께하면 더욱 잘할 수 있습니다.

맞벌이 부부, 소득의 함정에 빠지지 마라

"분명 외벌이보다 많이 버는데 왜 모은 돈은 별로 없을까요?"

맞벌이 부부가 자주 털어 놓는 고민입니다. 지금보다 나은 삶을 꿈꾸며 부부가 함께 일을 하는데, 어찌된 일인지 소득 대비 저축률은 외벌이 부부보다 낮은 것이 현실입니다.

2017년 기준 맞벌이 부부의 비율은 44.6%입니다. 부부가 함께 경제생활을 하는 맞벌이 가구는 외벌이보다 월소득이 월등히 높습니다. 2018년 1분기 기준 맞벌이 가구의 월평균 소득은 700만 원, 외벌이 가구는 463만 원으로 1.5배나 차이가 납니다.

그러나 실상을 들여다보면 맞벌이 가구의 월 흑자액은 외벌이 부부와 큰 차이가 없습니다. 많은 맞벌이 부부가 소득의 함정에 빠져있기 때문입니다. 우선 두 사람 모두 사회생활을 하므로 기본적인 교통비, 점심값, 의류비 등을 지출해야 합니다. 아이를 맡겨야하니 육아 비용도 따로 들어가죠. 바쁜 생활에 대한 보상 심리로 외식과 선물 등에 더 많은 돈을 쓰고, 대출을 무리하게 받는 경향도 있습니다. 이에 반해 외벌이 부부는 혼자 버는 한정된 소득 안에서 생활과 저축을 해야 하기 때문에 상대적으로 계획성 있게 소비를 하는 경향을 보입니다.

문제는 맞벌이를 평생 한다는 보장이 없고, 한번 높아진 소비 수준은 하향시키기 어렵기 때문에 한 명이 그만둘 경우 경제적으로 더 위협적일 수 있다는 점입니다. 그러므로 맞벌이 초기부터 소비습관을 제대로 잡는 것이 중요합니다. 둘이 번다고 소득이 높다는 착각에 빠져서는 안 됩니다. 특히 맞벌이 부부는 향후 출산이나 육아 문제로 외벌이가 될 가능성이 있으니 맞벌이 기간 동안 허리띠를 졸라맨다는 심정으로 저축금액을 최대한 끌어올려야 합니다.

맞벌이 부부를 위한 금융 꿀팁

먼저 재무적으로 기회비용을 따져 우선순위를 정하고, 낮은 순위의 항목들은 과감하게 내려놓으세요. 과도한 대출금, 무리한 자동차 구입 등은 눈에 보이지 않는 기회를 놓치는 결과를 초래할 수 있습니다. 자금을 합리적으로 투자하면서 준비한다면 더 많은 기회를 만들 수 있습니다. 그럼 맞벌이 부부에게 도움이 될 수 있는 몇 가지 꿀팁을 알려 드리겠습니다.

01 주거래 금융회사를 일원화한다

앞서 언급했듯 금융회사는 고객의 예금, 대출, 카드, 외환 등 모든 거래실적을 점수화하여 다양한 혜택을 제공합니다. 거래실적은 가족 간 합산이 가능하므로 두 사람의 급여통장을 통일해 실적을 늘리면 각자 운용할 때보다 많은 혜택을 받을 수 있습니다. 가족관계증명서와 신분증을 구비하여 금융회사를 방문하여 신청하면 됩니다.

02 연말정산은 혜택이 많은 사람에게 몰아준다

맞벌이 부부는 소득이 높은 만큼 빠져나가는 세금도 많습니다. 따라서 연말정산을 할 때 소득이 적은 배우자에게 세제 혜택을 몰아주어 환급액을 키우는 게 좋습니다.

신용카드 공제는 소득이 적은 사람의 명의로 된 카드를 우선적으로 사용하는 것이 유리합니다. 하지만 연봉 차이가 큰 경우에는 소득세율 적용구간이 다르기 때문에 소득이 많은 배우자가 유리한 경우도 있으니, 각자의 소득금액과 소득공제 환급금을 잘 따져보고 적합한 카드를 집중적으로 사용하는 것이 좋습니다.

연금저축이나 개인형퇴직계좌의 경우에는 동일 세율이 적용되기 때문에 소득이 적은 배우자 명의로 가입하여 납입하는 것이 효과적입니다.

03 정기적인 월말·연말 정산 미팅을 한다

직장인들이 연말정산을 하듯 가정에서도 한 달에 한 번은 '월말정산의 날'을 정하여 가계부를 정리하고 다음 달을 준비하는 과정이 필요합니다. 연말에는 1년을 돌아보며 가계부를 바탕으로 총소득은 얼마인지, 항목별로 얼마를 지출하고 저축액은 얼마나 늘

었는지 점검해 보기를 추천합니다. 점검한 내용은 반드시 다음 달,
다음 해 생활에 반영해야 한다는 사실도 잊지마세요.

부부가 함께하는 재무 체크리스트

- ☑ 본인 및 배우자의 총 소득은 얼마인가?
- ☑ 배우자에게 급여명세표를 공개하는가?
- ☑ 경제주도권은 누가 가지고 있는가?
- ☑ 신용카드는 각각 몇 개를 보유하고 있으며, 연간 사용금액은 얼마인가?
- ☑ 총 대출금액과 연간 원리금 상환액은 얼마인가?
- ☑ 부부가 연간 납입하는 보험료는 얼마인가?
- ☑ 신용등급은 각각 어떻게 되는가?
- ☑ 자동차를 보유하고 있다면 연간 유지비용은 얼마인가?
- ☑ 연말정산을 통해 환급 받을 수 있는 금액은 얼마인가?
- ☑ 매일 또는 정기적으로 가계부를 쓰는가?
- ☑ 각자의 용돈은 정한 금액 내에서 사용하는가?
- ☑ 매달 부부가 함께 가계부를 점검하며 재무미팅을 실시하는가?
- ☑ 월 저축금액 목표를 정하여 실천하고 있는가?
- ☑ 투자를 하거나 대출을 받는 경우 반드시 의논하여 결정하는가?
- ☑ 주요 재무목표를 설정하고 실행방안을 세웠는가?

전문가가 추천하는
올바른 재테크 습관 10

01 저축하고 남은 돈을 소비하세요

사회초년생은 월급은 적으나 쓸 곳도 많고 하고 싶은 것도 많습니다. 지출이 많으니 자연스럽게 저축과는 담을 쌓고 '나중'이라는 단어로 위안을 삼죠. 쓰고 싶은 욕구를 버리고 저축부터 생활화해야 합니다. 마음으로 안 되면 강제시스템인 자동이체를 활용하세요. 부자에게도 '남는 돈'은 없습니다.

02 지출 관리를 위해 가계부를 사용하세요

재무관리의 시작은 자신의 소비현황을 정확히 아는 것에서 시작합니다. 지출을 지속적으로 점검하고 줄여나가기 위한 가장 원시적이면서도 효율적인 도구가 바로 가계부입니다. 가계부는 작성이 목적이 아니라 주기적인 점검 및 지출통제를 통한 저축습관 들이기에 있음을 명심하세요.

03 적은 돈도 크게 보세요

은행거래를 하면서 내는 각종 수수료도 우습게 생각하지 마세요. 적금이자 1%를 더 챙기는 것보다 수수료가 클 수 있습니다. 은행 수수료, 담배 한 갑, 커피 한 잔 등 '이 정도 쯤이야'라고 생각했던 소액이 모여서 큰돈이 된다는 점을 기억하세요.

04 돈을 쓸 땐 몸을 불편하게 하세요

저축 습관은 생활습관의 변화에서 시작됩니다. 신용카드 긁는 것보다 체크카드나 현금을 사용하고, 택시를 타는 대신 가능하면 대중교통을 이용하세요. 내 몸이 불편함을 느끼는 만큼 의식하게 되고, 참고 인내하는 만큼 심리적으로 금전적으로 여유가 생깁니다.

05 주거래 은행을 정하고 전문가(재무주치의)를 활용하세요

급여가 이체되는 은행을 주거래 은행으로 정해서 각종 수수료 및 금리 혜택을 누리세요. 이때 자주 방문하는 금융기관의 직원 한 명쯤은 내 편으로 만드는 센스! 금융지식이나 투자 경험이 부족한 만큼 자산관리 분야에서 이끌어줄 멘토를 만들어 도움을 받으면 더할 나위 없겠죠.

06 손품·발품 팔기는 필수입니다

여러분은 인터넷에 특화된 세대입니다. 인터넷의 방대한 정보를 적극 활용하여 금융지식을 쌓고 여러 금융기관의 상품을 비교·분석 하세요. 손품을 팔아 쌓은 지식과 정보는 현장에서 한 번 더 확인하는 습관을 가지는 것이 좋습니다. 특히 예금이나 대출 금리는 반드시 이중 확인을 하고 궁금한 점은 바로바로 질문하여 해결하세요.

07 시작한 것은 끝장을 보고, 목표 달성 시 반드시 자기보상을 하세요

투자를 할 때는 심사숙고하여 결정하고 절대 중도해지를 하지 마세요. 중도해지도 습관이 됩니다. 투자기간을 짧게 잡아 성취감을 자주 느끼고, 목표를 달성했을 땐 스스로에게 보상을 해 주세요. 그래야 더 열심히 할 힘이 생깁니다.

08 재테크 공부, 금융지식 쌓기는 기본입니다

요즘처럼 다양하고 복잡해지는 금융환경 속에서 금융지식은 자신을 지키고 손해를 줄여주는 훌륭한 재산입니다. 경제신문을 구독하거나 재테크 카페에 가입하는 등 꾸준히 관심을 가지다 보면, 시야가 넓어지고 다양한 투자가 가능해집니다.

09 지속적인 모니터링을 하세요

열심히 저축한다고 끝이 아닙니다. 지속적인 모니터링을 통해 자신이 목표한 대로 잘 가고 있는지 정기적으로 점검하고 개선하는 활동이 있어야 합니다. 최소 1년에 한 번 이상 재무상태표와 현금흐름표를 작성하여 확인하세요.

10 끊임없이 자기계발 하세요

사회초년생이 소득을 늘리는 가장 빠른 방법은 자신의 몸값을 올리는 것입니다. 고수익을 올리기 위해 공격적인 투자로 위험을 끌어안는 것보다 자기계발을 통해 능력을 키우는 것이 더 효율적입니다. 현실에 안주하지 않고 스스로를 발전시키기 위해 노력하는 것은 미래를 위한 최고의 재테크입니다.

월 급 이 적 어 도 돈 은 모 으 고 싶 어

03

종잣돈의 유무가
재테크의 성공을 좌우한다

첫걸음은
종잣돈이다

종잣돈의 중요성

재테크에 대한 필요성을 인지했다면, 가장 먼저 무엇을 해야 할까요? 바로 종잣돈을 만드는 일입니다. 첫 월급을 받았다며 상담했던 성재현 씨(34세)와 그의 동기 홍연주 씨(31세)를 비교해 보면 종잣돈의 중요성을 실감하게 됩니다.

성재현 34세

현재 입사 4년 차인 성재현 씨는 첫 월급을 받으면서 '3년 안에 5,000만 원 종잣돈 만들기'를 목표로 세웠습니다. 실제 받은 월급 160만 원으로 학자금대출 10만 원, 부모님 용돈 20만 원, 본인 용돈 30만 원을 제외한 100만 원을 3년 만기 적금에 꾸준히 납입했습니다. 또한 명절이나 연말에 비정기적으로 나오는 상여금 등을 MMF에 차곡차곡 모았습니다.

30만 원이라는 용돈이 빠듯하기는 했지만, 매달 통장에 불어나는 잔액을 보며 마음을 다잡고 종잣돈을 어떤 상품에 투자하면 좋을지 고민하면서 꾸준히 돈 공부를 했습니다.

올해 초 적금을 만기 해지한 재현씨는 목표했던 5,000만 원 모으기에 성공했고, 안정적인 운용을 위해 주가지수형 ELS와 저축은행 정기예금에 절반씩 투자한 상태입니다. 최근에는 '3년 후 1억 원'을 목표로 제2금융권 적금 70만 원과 함께 적립식펀드 60만 원을 3계좌로 나눠 내고 있습니다. 3년 후에는 2차 종잣돈을 중심으로 부동산 투자도 해볼 예정입니다.

ELS

ELS는 국내외의 개별 주식이나 주가지수와 연계되어 수익률이 결정되는 파생상품을 말하며, 원금이 보장되지 않는 투자상품으로 만기는 1~5년이지만 대부분 3년 만기로 투자한다. 하지만 만기 전이라도 3개월 또는 6개월 등 약정된 시점에 정해진 조건이 충족되면 조기 상환 되어 원금과 투자수익을 지급하고 계약이 종료될 수 있다.

홍연주 31세

재현 씨의 입사 동기 연주 씨는 학생시절 마음껏 누리지 못한 생활을 보상받는 마음으로, 입사하자마자 쇼핑과 취미생활에 많은 돈을 투자했습니다. 평소 재테크에 관심도 없었을 뿐더러 '적은 월급으로 모아봤자 얼마나 모을 수 있겠냐'며 현재를 즐기기로 한 것이죠. 매일 소소한 행복과 위로에 돈을 쓰다 보니 '월급은 통장을 스쳐간다'는 광고 카피가 남의 말 같지 않습니다. 현재 연주 씨의 통장에는 마이너스통장 대출금 700만 원만 쌓여 있습니다. 그녀의 소비에는 모두 나름의 이유가 있었지만 어디에 썼는지 알 수 없어 허탈하기만 합니다.

열매를 기대한다면 씨를 뿌려라

재테크 경험이 부족한 사람들이 가장 많이 하는 얘기가 있습니다.

"재테크는 하고 싶은데 돈이 없어요."

"목돈이 있어야 무슨 투자를 해보죠."

틀린 말은 아니지만, 한편으로 그 말을 하는 사람은 절대 돈을 모으지 못할 것이라는 확신 때문에 측은한 생각이 들기도 합니다.

재테크 서적을 보면 공통적으로 '종잣돈의 중요성'을 강조합니다. 종잣돈을 만드는 것이 모든 재테크의 시작이기 때문입니다.

종잣돈은 앞으로 발생할 미래의 각종 재무목표에 대비하고 자신의 투자능력을 키울 목적으로 모은 최초의 목돈을 의미합니다. 농작물의 씨앗 같은 돈이라고 해서 '시드머니seed money'라고도 부릅니다. 농작물이 성장하여 열매를 맺기 위해서는 튼실한 종자가 필요한 것처럼 우리 삶의 각종 재무목표를 달성하기 위한 기반이 되는 값진 돈입니다.

그러면 왜 종잣돈을 마련해야 할까요? 종잣돈이 중요한 이유는 무엇일까요? 쌈짓돈을 모아 처음 저축을 시작하는 사회초년생에게 목표금액과 시점을 못 박음으로써 이를 달성하기 위한 강한 의지를 심어주기 때문입니다.

여러분이 초등학생일 때를 생각해 볼까요? 보통 자녀가 초등학교에 가면 용돈을 주기 시작합니다. 가지고 싶은 것이 있으면 용돈을 모아 직접 사라고 하죠. 이때부터 아이들은 용돈으로 받은 1,000원, 2,000원을 모아 평소 갖고 싶던 장난감을 사는 기쁨을 느낍니다. 사고 싶은 물건이 있으면, 명절, 생일, 크리스마스에 받는 보너스 용돈까지 열심히 모읍니다. 적은 돈이지만 목표가 분명하기 때문에 저축도 즐겁습니다.

사회초년생의 종잣돈은 초등학생의 '사고 싶은 물건'과 같습니다. 저축에 대한 강력한 의지를 주는 목표이자 소비 습관을 조절하는 학습도구이며, 고된 노력의 달콤한 결과이기도 합니다.

또한 목돈을 만들어야 자산을 크게 굴릴 수 있으며, 다양한 투자가 가능합니다. 같은 수익률이 났다고 하더라도 투자금액의 규모에 따라 엄청난 수익 차이를 가져올 수 있고, 분산투자를 통해 상대적으로 안전하게 수익을 낼 수 있습니다.

당장 종잣돈부터 만들어라

남들보다 빨리 부자가 되거나 경제적으로 안정된 삶을 살아가는 사람들의 공통적인 특징이 있습니다. 가능한 한 빨리 종잣돈을 마련하고 그것을 기반으로 노력했다는 점입니다. 비단 부자가 되는 방법뿐만 아니라 재테크를 잘하기 위해서도 종잣돈을 빨리 만드는 것이 중요합니다.

종잣돈 만들기는 '지금 바로' 시작하는 것이 최선입니다. 그런데 갑자기 의문이 생깁니다. 과연 얼마나 모아야 종잣돈이라고 할 수 있을까요? 누군가 기준을 정해주면 그 금액을 모으기 위해 노력하고 안심할 텐데, 참으로 어려운 질문입니다. 신문이나 재테크 책에서 보면 누구는 최소한 소득의 50%를 저축하라고 하고, 또 다른 누군가는 소득의 70% 이상을 무조건 저축하라고도 합니다. 정답은 무엇일까요? 솔직히 정답은 없습니다. 각자의 소득과 지출, 경제적 여건 등이 모두 다르기 때문입니다. 정해진 기준이 없다는 것은 스스로 기준을 정할 수 있다는 이야기이기도 합니다. 하지만 기준이 너무 낮으면 효과적인 마중물의 역할을 하기 힘들고, 너무 높으면 준비하는데 너무 많은 시간과 노력이 들어가서 쉽게 포기하거나 지치기 때문에 재무전문가와 상담을 통해 정하는 것이 효과적입니다.

저축할 돈이 없다는
핑계를 대지 마라

작은 습관이 큰 결과를 가져온다

요즘은 남녀노소 할 것 없이 손에 커피를 달고 살아갑니다. 가격이 저렴한 커피라고 하더라도 하루에 몇 잔씩은 기본입니다. 우리가 흔히 마시는 커피 한 잔, 담배 한 갑의 위력을 알아볼까요?

30세인 당신이 커피나 담뱃값을 아껴서 매일 4,500원씩 투자한다고 가정해 봅시다. 투자수익률을 5%로 가정했을 때 60세에 얼마나 모을 수 있을까요? 총 1억 1,622만 원입니다. 노후자금으로 30년 동안 매달 63만 원을 받을 수 있는 큰 금액이죠.

재무상담을 하다 보면, 작은 습관 하나가 나중에 엄청난 결과를 가져오는 사례를 종종 보게 됩니다. 그래서 처음부터 좋은 습관을 키울 수 있도록 노력하는 것이 중요합니다.

종잣돈을 모으겠다고 마음먹었다면, 반드시 외면해야 하는 세 가지 적이 있습니다. 신용카드, 홈쇼핑, 자동차입니다. 신용카드는 소득공제 혜택이나 포인트 서비스가 있지만, 소득공제를 받기 위해서는 적어도 월급의 절반 이상을 긁어야 하므로 '빈대 잡으려다 초가삼간 태우는 격'이 되기 십상입니다.

홈쇼핑도 마찬가지입니다. 홈쇼핑은 공동구매 시스템으로 좋은 물건을 비교적 저렴한 가격에 구매할 수 있다는 장점도 있지만, 충동구매로 이어지는 경우가 많고, 필요하지 않은 많은 수량을 구매해야한다는 단점이 있습니다. 결국 저렴해 보이지만 애초에 계획에 없던 소비를 유도하므로 이익보다는 지출 부담이 더 큰 셈이죠.

자동차에 대한 생각도 바꿔야 합니다. 예를 들어 중형차를 5년간 탄다고 가정하면 3,000만 원 이상 날릴 각오를 해야 합니다. 자동차 가격도 문제지만 시간이 지날수록 관리비용이 늘어나고 파생소비가 급증하기 때문입니다. 거꾸로 이 돈을 매월 저축하면 수천만 원을 모을 수 있습니다.

혹시 '만족지연능력delay of gratification'이라고 들어보셨나요? 미래의 더 큰 만족을 위해 현재의 욕망을 참고 기다릴 수 있는 힘, 즉 자기 통제력을 의미합니다. 마시멜로 실험이라는 유명한 실험 결과에서 나온 말인데 어릴 때의 만족지연능력이 어른이 되었을 때의 삶의

질을 결정한다는 것입니다.

자동차, 커피, 홈쇼핑 등 현재의 달콤함에 빠져 있다 보면 미래를 준비할 여력도 없어집니다. 스스로 본인의 욕망을 잘 이겨내지 못한다면, 교육을 받거나 가족과 친구의 도움을 받아서라도 자기 통제력을 높이는 훈련이 필요합니다. 현재의 만족을 미래의 더 큰 만족으로 이끌어 가기 위해 조금 참아보는 것은 어떨까요?

절약을 이기는 투자전략은 없다

사회초년생의 재테크는 일반 재테크와는 조금 차이가 있습니다. 사회초년생은 대부분 모아놓은 자산도 없고 투자 경험도 적으며, 금융지식도 부족합니다. 투자자금 역시 상대적으로 적다 보니 10%의 수익을 올리는 것보다 10%를 아껴 저축하는 편이 훨씬 낫습니다. 1,000만 원을 10%의 수익률로 1년 동안 굴린다고 해도 수익은 100만 원 밖에 되지 않습니다. 그마저도 요즘 시장에서 10%의 수익을 주는 상품은 찾아보기 어렵습니다. 설령 있다고 해도 원금손실 위험을 감수해야하는 고위험·고수익 상품이겠죠. 투자상품을 통해 10%라는 높은 수익을 올릴 수도 있지만 시장 상황이 좋지 않다면 -10%의 결과도 가져올 수 있습니다. 하지만 하루에 커피 한 잔 3,000원을 아껴서 저축하면 1년 후에는 약 110만 원을 모을 수 있습니다. 1,000만 원을 11%의 수익률로 1년 동안 굴린 것과 같은 효과가 있는 것입니다.

최근 짠테크 열풍 속에 다시 떠오른 '절약'이라는 키워드는 종잣돈 마련을 위한 기본이며, 평생 습관으로 가져가야 할 덕목입니다. 성공적으로 종잣돈을 마련한 사람들은 입을 모아 "절약밖에 길이 없더라"고 말합니다. 여기서 절약은 무작정 돈을 아끼는 것이 아니라 쓸 때 쓰고 아낄 때 아끼는 똑똑한 소비를 의미합니다. 우리가 살아가는데 꼭 있어야 하는 의식주와 같은 것을 '니즈$_{needs}$', 없어도 되지만 삶의 만족과 행복을 위해 갖고 싶은 것을 '원츠$_{wants}$'라고 하죠. 니즈와 원츠를 명확히 구분하여 원하는 것보다 필요한 것 중심으로 소비하는 생활로의 전환이 필요합니다.

재테크는 거창한 것이 아니라 커피나 담배처럼 조금씩 새어나가는 자금들을 관리하는 것부터 시작됩니다. '가랑비에 옷 젖는 줄 모른다'는 말은 소비와 가장 어울리는 표현입니다. 조금씩 빠져나가는 돈을 잘 모아서 제대로 굴리면 당신의 인생을 바꿀 수 있는 계기가 될 것입니다. 게다가 절약을 통해 얻은 여유자금은 리스크가 전혀 없습니다. 투자상품은 항상 위험에 노출되며 본인의 의지와 상관없이 외부변수에 영향을 받아 수익이 결정되지만, 절약을 통한 저축은 본인 스스로 상황을 통제할 수 있습니다. 아낀 금액은 다시 원금으로 투자되므로 절약은 가장 투자수익률이 높은 0순위 재테크입니다.

티끌 모아 태산, 소액적금

취업포털 잡코리아에서 조사한 설문결과에 따르면 직장인의 절반 이상이 재테크를 하고 있으며, 30대 직장인의 재테크 비율이 가장 높게 나타났습니다. 그러면 이들은 어떤 방법으로 재테크를 하고 있을까요? 10명 중 8명이 '예금, 적금'을 재테크 방법으로 활용하고 있다고 답했습니다.

예금과 적금은 재테크의 기본이며 시작입니다. 앞서 절약하는 습관의 중요성을 강조했는데요. 절약 습관과 재테크를 접목한 '짠테크'를 활용하면 더욱 쉽게 종잣돈을 마련하는 데 한 걸음 나아갈 수 있습니다.

짠테크는 돈을 아낀다는 의미의 '짜다'와 '재테크'의 합성어로, 매일 조금씩 아낀 돈을 차곡차곡 모아 목돈을 마련하는 것을 뜻합니다. 이는 소득이 적고 아직 저축 습관이 배지 않은 사회초년생이나 소득이 일정하지 않은 사람들이 목돈을 만들기에 아주 효과적인 방법입니다.

최근 들어 금융권에서도 이런 트렌드에 맞춰 각종 짠테크 관련 상품을 내놓고 있습니다. 편리하고 안전하게 돈을 모을 수 있고 계획대로 열심히 모으면 우대금리까지 얹어줍니다. 어떤 상품이 있는지 알아볼까요?

01 우리은행 '위비 짠테크 적금'

우리은행의 모바일 적금상품 '위비 짠테크 적금'은 1년 단위로 매주 1,000원씩 납입액을 늘려가는 '52주 짠플랜'과 한 달 주기로 영업일마다 1,000원씩 입금액을 늘려가는 '매일매일 캘린더플랜', 그리고 절약한 하루 생활비를 매일매일 입금하는 '원데이 절약플랜' 중 선택할 수 있습니다. 휴대폰을 활용한 자동이체 방식으로 저축되기 때문에 따로 신경 쓰지 않아도 꾸준히 돈이 모이며, 일정 횟수 이상 이체되면 금리 우대를 받을 수 있습니다.

02 신한은행 '한 달 애愛 저금통'

신한은행의 '한 달 애 저금통'은 생활 속에서 절약한 자투리 금액을 가상의 저금통에 수시로 저축할 수 있도록 설계된 온라인전용 소액입출금상품입니다.

매일매일 절약한 돈을 하루 최대 3만 원(1,000원 단위), 잔액 최대 30만 원까지 납입할 수 있으며, 비교적 높은 금리를 제공합니다. 또한 매월 1회 고객이 지정한 날짜에 잔액 전체를 본인 계좌로 자동 입금해 주는 월Swing 서비스도 제공하고 있습니다.

03 KEB하나은행 '오늘은 얼마니? 적금'

KEB하나은행의 '오늘은 얼마니? 적금'은 은행에서 매일 문자메시지로 얼마를 저축할지 묻고 여기에 답하면 그날 적금 이체가 완

료되는 상품입니다. 예를 들어 적금계좌의 별칭을 '하와이 여행'이라고 설정하면 매일 '하와이 여행을 위해 얼마나 저축하시겠어요?'라는 문자메시지가 옵니다. 가입자가 '하와이 여행 1만 원'이라고 답을 보내면 1만 원이 적금으로 이체되는 방식입니다. 가입기간은 6개월제와 1년제로 1인 1계좌만 가능하고, 적립 한도는 1,000원부터 5만 원까지 매일 적립이 가능합니다.

자신의 의지로만 저축하는 것이 아니라 목적자금에 대한 동기부여를 주고, 저축 목표를 잊지 않게 꾸준히 격려함으로써 개인적 목표도 달성하는 효과를 누릴 수 있습니다.

04 카카오뱅크의 '26주 적금'

카카오뱅크의 '26주 적금'은 가입할 때 1,000원, 2,000원, 3,000원 중에서 납입금액을 선택한 후 매주 그 금액만큼 늘려 적금하는 방식입니다. 예를 들어 첫 주에 1,000원을 내면 2주차에는 2,000원을 내고 3주차에는 3,000원을, 마지막 26주에는 2만 6,000원을 내는 방식입니다.

최초 가입할 때 1,000원을 선택하면 26주 후에는 35만 1,000원, 3,000원을 선택하면 105만 원을 모을 수 있습니다. 최근에는 큰 금액 상품 추가를 원하는 고객들의 요청을 반영하여 5,000원, 10,000원 적금도 추가되었습니다.

05 KB국민은행 'KB 리브와 함께 매일매일 적금'

'KB 리브와 함께 매일매일 적금'은 KB국민은행의 생활금융플랫폼 리브Liiv 전용상품으로 월 30만 원 이내에서 매일 자유롭게 납입할 수 있는 6개월제 단기적금입니다. 공인인증서 없이 신규 가입이 가능하고 간편 송금 기능을 활용해 몇 번의 클릭만으로 손쉽게 저축할 수 있습니다. 또한 만기일이 되면 자동으로 해지되어 통장에 입금되는 등 거래 편의성을 높였습니다.

5일, 10일 이상 연속하여 저축하거나 16개의 빙고판을 활용한 게임을 통해 한 줄씩 완성할 때마다 우대금리를 제공하는 등 재미를 더해 적금의 습관화를 유도하고 있습니다.

생활 속 짠테크 실천방법

한편 은행을 이용하지 않고 가정에서 짠테크를 실천할 수 있는 방법도 있습니다. 대표적인 셀프 짠테크 방법은 '캘린더 저축'입니다. 날짜에 1,000원을 곱한 금액만큼 저축하는 것으로 매월 1일에는 1,000원, 31일에는 3만 1,000원을 저축하는 방식입니다. 한 달이면 49만 6,000원, 1년이면 573만 8,000원을 모을 수 있습니다. 보통 월급을 월말에 받으니 저축액을 거꾸로 계산해 생활비 여유가 있는 월초에 많은 돈을 넣고 줄여가는 것도 하나의 방법입니다.

생활비 지출이 많은 사람은 '봉투 살림법'을 시도해 보는 것도 좋습니다. 봉투 30개를 준비하여 공과금을 제외하고 순수 생활비를 떼어내 똑같이 나눠 담습니다. 이후 매일 봉투 1개의 돈으로만 생활하고 매일 남은 돈은 저금통에 넣는 방식입니다. 카드를 많이 쓰거나 지출이 과도한 사람들에게 아주 효과적입니다.

짠테크가 성공하려면 꾸준한 기록과 그에 따른 자기보상이 필수입니다. 저축한 내용을 그때그때 기록하여 실천의 정도를 파악하고, 모인 돈으로 평소 갖고 싶은 물건을 사거나 휴가를 가는 등 보상을 통해 동기부여를 지속해 주세요.

종잣돈 마련에
100% 성공하는 법

열심히 모으지 말고 계획적으로 모아라

종잣돈을 모으고자 하는, 모아야 하는 사람은 사회초년생이거나 이제 막 재테크를 시작하는 초보자가 대부분입니다. 이들은 경험도 부족하고 의지도 약하기 때문에 외부 환경변화에 쉽게 흔들리며 중도에 포기하는 경우가 많습니다. 그러므로 구체적인 목표와 계획이 필수입니다. 개인의 재무상태표와 현금흐름표를 바탕으로 저축할 수 있는 여력이 얼마나 되는지를 판단하고, 세부적으로 실천계획을 수립해야 합니다.

가장 먼저 '무엇을 위해 돈을 모으는지' 목표를 분명히 설정하세요. 그리고 '언제까지 어떤 금융상품으로 얼마를 모으겠다'는 구체적인 계획을 세워야 합니다. '최대한 빨리 10억 원을 모으겠다'는 식의 막연한 목표보다는 '3년 안에 적금으로 종잣돈 3,000만 원을 모은다'와 같은 당장 실천할 수 있는 구체적인 행동목표가 필요합니다.

목표는 개인별 상황에 따라 다르겠지만 자신이 생각했던 목표의 2배 정도가 적당합니다. 대부분 본인의 목표를 작게 잡는 경향이 있기 때문입니다. 일반적으로 연봉이 2,500만 원이라면 3년 안에 5,000만 원을 목표로 세우면 됩니다. 이때 목표금액은 1,000만 원, 5,000만 원, 1억 원 등 상징적인 금액을 정해놓고 달성해야 더 큰 성취감을 느낄 수 있습니다.

물론 쉽지 않을 것입니다. 그러나 어렵기 때문에 '목표'인 것입니다. 막연하게 1억 원을 목표로 돈을 모으면 중도에 포기하기 쉽지만 생활비 10만 원 줄이기, 종잣돈 100만 원 모으기 등 작은 성공을 여러 번 경험하게 되면 과정 자체를 즐기며 목표 1억 원에 도달할 수 있습니다. 반복되는 작은 성공은 성취감과 자신감을 키워주고 더 큰 성공의 씨앗이 됩니다.

당장 시작하고 단기간에 끝내라

사회초년생의 재테크는 사회에 첫발을 내딛고 자기 힘으로 돈을 벌기 시작하는 순간, 그러니까 첫 월급부터 시작입니다. 아무것도 없이 출발하는데 모으는 것 말고 무엇이 필요할까요? 시작부터 지출을 얼마나 통제하느냐에 따라 5년, 10년 뒤의 처지가 엄청나게 달라질 것입니다.

사회초년생 중에는 고정적으로 납입하는 적금이 아예 없는 경우도 심심찮게 볼 수 있습니다. 그동안 누리지 못했던 소비의 기쁨을 누리고, 나중에 연봉이 올라 여유가 생기면 저축을 하겠다고 생각하는 사람이 많습니다. 하지만 소득이 늘면 느는 대로 지출할 곳과 지출금액도 함께 늘어나는 것이 일반적입니다.

월 10만 원짜리 적금이라도 일단 시작하는 것이 중요합니다. 금융관련 지식을 다 갖추고 시작하기엔 너무 늦습니다. 실행하면서 준비하고 기회를 찾으면 됩니다. 만약 30세부터 매달 200만 원씩 투자하여 연 5%로 운용한다면 60세가 되었을 때 12억 6,150만 원을 모을 수 있습니다. 하지만 10년 늦은 40세에 시작하면 매달 350만 원씩 납입해야 같은 금액을 모을 수 있습니다.

앞에서 여러 번 강조했던 종잣돈도 20대부터 일찍 준비해 원동력으로 삼아야 중년 이후에도 재무적으로 순항할 수 있습니다. 지금 당장 쓸 돈이 있다고 종잣돈 마련을 미루면 1년 후에도, 3년 후에도 절대 시작할 수 없습니다. 오늘 편하게 놀고먹으면 내일은 뛰어야 한다는 사실을 꼭 기억하시기 바랍니다.

그리고 종잣돈은 다른 자산과 달리 3~5년 정도의 중기자금 정도로 인식하고 시작하는 것이 좋습니다. 기간이 짧으면 편할 수는 있으나 목표금액이 너무 작다는 단점이 있습니다. 그렇다고 경험이 부족한 사람이 7~10년짜리 장기상품에 투자하면 십중팔구 중도에 포기해 버리기 쉽습니다. 아껴서 모아야한다는 강박이 오랜 기간 지속되면 사회생활이나 인간관계에서 어려움을 느낄 수도 있고요. 그러므로 본인이 투자한 자산이 점점 늘어나는 모습을 눈으로 보고 체험하여 만족감을 느낄 수 있도록 하세요. 처음 종잣돈을 모으는 동안에는 지루함을 느끼지 않고 만기 해지의 성취감을 얻게끔 1~2년 정도의 단기상품으로 시작하여 반복적으로 투자하기를 권합니다. 또한 자동이체를 했더라도 가능한 한 자주 통장의 잔액을 확인하여 자산이 늘어나는 모습을 직접 확인하는 것도 좋은 방법입니다.

수익률보다 저축액이 중요하다

사회초년생은 투자 경험이 없는 경우가 대부분이므로 높은 수익으로 목표달성 기간을 앞당기기보다는 적금처럼 원금손실이 없는 안전한 상품을 선택하여 시작하는 것이 좋습니다. 종잣돈은 정해진 기간 내에 무조건 해야 하는 숙제가 아니라, 스스로 정한 시점에 목표를 달성하고 다음 단계로 도약하기 위한 디딤돌이기 때문입니다. 안전한 상품에 많은 금액을 저축해 원금을 늘리는 가장 원시적 방법이 100% 성공의 비결입니다.

반면 투자 경험이 있거나 적극적인 투자성향인 경우에는 일부 자산을 투자형 상품에 분산투자하는 것도 좋은 방법입니다. 이때 중요한 것은 최대한 안정적으로 목표한 기간 내에 목표금액을 달성하고 성공의 기쁨을 누려야 한다는 것입니다. 먼저 안정적으로 종잣돈을 만드는 데 집중하고, 이후 종잣돈을 재운용할 때 본인의 투자성향이나 시장 상황 등을 고려하여 점진적인 투자를 해 나가면 됩니다.

많은 사람이 빨리 모으고 투자하여 성공하기를 기대합니다. 하지만 자금도 경험도 지식도 부족하면서 투자에 성공하기는 불가능합니다. 늦더라도 한 걸음 한 걸음 작게 발걸음을 재촉한다면 오래 갈 수 있습니다.

종잣돈 모으기 프로젝트

01 자신의 재무상태 파악하기

막연하게 알고 있던 자신의 수입과 지출, 자산과 부채를 정리하여 재무상태표와 현금흐름표를 작성함으로써 현재의 재무상태를 정확히 알 수 있고 이를 통하여 무엇을 개선해야 하는지 스스로 느낄 수 있습니다.

개인 재무상태표

재무상태표는 기업의 대차대조표와 같이 개인이 가지고 있는 모든 자산의 상태를 한눈에 볼 수 있도록 정리하여 현재의 순자산 규모를 알아보는 것입니다. 자신의 정확한 현재 상황을 파악해야 향후 어떻게 관리해 나아갈지를 판단할 수 있기 때문이죠.

예시 입사 5년차 A씨의 재무상태표

자산		부채	
입출금통장	50	전세자금대출	3,000
적금	850	마이너스통장	500
주택청약저축	300	순자산	6,500
펀드	1,000		
연금저축	800		
전세보증금	7,000		
합 계	10,000	합 계	10,000

단위: 만 원

현금흐름표

현금흐름표는 가계부를 근거로 매월 작성하며, 수입과 지출을 용도별로 정리한 표입니다. 월간 수입·지출 현황을 통해 자신의 생활수준과 저축능력을 파악하고, 재무적으로 문제가 없는지 점검함으로써 저축을 늘리기 위한 기본활동입니다.

예시 월급 300만 원을 받는 A씨의 현금흐름표

수입		지출	
급 여	300	저 축	150
		생활비	60
		대출이자	20
		공과금	30
		학원비	20
		용돈	20
합 계	300	합 계	300

단위: 만 원

입사 _____ 년차 _____ 씨의 재무상태표

자산		부채	
입출금통장			
적금			
		순자산	
합 계		합 계	

단위: 만 원

실천 월급 _____ 만 원을 받는 _____ 씨의 현금흐름표

수입		지출	
		저 축	
		생활비	
		용돈	
급 여			
합 계		합 계	

단위: 만 원

02 차곡차곡 목돈 모으기

적립식 금융상품은 정기적으로 일정 금액을 꾸준히 저축하여 목돈을 만들 수 있는 상품입니다. 종잣돈의 기본은 목돈을 모으는 것부터 시작합니다. 전체 저축금액의 70% 이상을 종잣돈 마련을 위한 상품에 투자하되, 기간과 위험 요소를 고려하여 분산 투자하는 것이 좋습니다.

예시 매월 150만 원 저축 계획

기간	목적	상품	비고
단기 (1~2년)	종잣돈 마련	저축은행 적금 (2년 만기, 월 20만 원)	만기시 재가입
	여행경비	저축은행 적금 (1년 만기, 월 10만 원)	–
중기 (3~5년)	종잣돈 마련	ISA (월 80만 원)	비과세
	종잣돈 마련	적립식펀드 (월 20만 원)	–
장기 (7년 이상)	주택마련	주택청약종합저축 (월 10만 원)	청약용
	노후자금	연금저축 (월 10만 원)	세액공제

실천 매월 _____ 만 원 저축 계획

기간	목적	상품	비고
단기 (1~2년)			
중기 (3~5년)			
장기 (7년 이상)			

03 야무지게 목돈 굴리기

돈을 모으는 것만큼 모은 돈을 잘 관리하고 불려 나가는 것 역시 중요합니다. 섣부른 투자로 어렵게 모은 돈을 날려버리지 않도록 재무목표와 운용기간 등을 고려하여 체계적인 관리가 필요합니다.

예시 목돈 3,000만 원의 운용

목적	용도	금융상품	투자기간
유동성자금	비상예비자금 현금화 가능성	MMF 500만 원	1일 이상
안정성자금	어떤 상황에서도 꼭 필요한 안전자금	ELB 500만 원 저축은행정기예금 500만 원	1년
수익성자금	수익증대를 위해 일부 손실 위험 감수하고 투자	ELS(주가연계증권) 1,000만 원 거치식펀드(혼합형) 500만 원	3년

실천 목돈 _____ 만 원의 운용

목적	용도	금융상품	투자기간
유동성자금	비상예비자금 현금화 가능성		
안정성자금	어떤 상황에서도 꼭 필요한 안전자금		
수익성자금	수익증대를 위해 일부 손실 위험 감수하고 투자		

04 정기적으로 자산 점검하기

정기적으로 자산 현황을 파악하여 얼마나 불어났는지를 살펴보고, 투자성향, 자산규모, 시장상황에 따라 금융상품의 변경이나 투자비율 변경 등을 점검해야 합니다.

04

나에게 맞는 재테크는
따로 있다

본인의 투자성향을
파악하라

너 자신을 알라! 투자성향 분석

고대 그리스의 철학자 소크라테스는 이렇게 말했죠.

'너 자신을 알라!'

어떤 일을 하든지 자기 자신을 파악하고 있으면 성공의 토대는 마련한 것이라고 할 수 있습니다. 재테크도 마찬가지입니다. 금융 상품을 선택하기에 앞서 자신의 투자성향을 파악하는 것이 중요한 데요. 투자성향에 따라 금융상품에 대한 선호도가 달라지기 때문 입니다. 여기서 투자성향Risk Tolerance은 투자에 따른 위험을 견뎌낼 수 있는 성향을 의미하고, 투자위험이란 투자수익률이 기대수익률에서 얼마나 벗어날 수 있는가를 뜻합니다.

예를 들면 위험회피 성향이 강한 사람은 원금손실에 대한 두려움 때문에 예금, 적금 같은 저축상품을 주로 이용합니다. 반면에 원금손실 위험이 따르더라도 많은 수익을 올릴 수 있는 기회를 원하는 사람은 주식상품을 선호합니다.

그렇다면 자신의 투자성향은 어떻게 알 수 있을까요? 투자상품에 가입하기로 마음먹었다면, 자본시장법에 따라 '일반투자자 투자정보 확인서'를 작성해야 합니다. 이는 투자자의 연령, 투자 경험 정도, 금융지식, 투자 목적 및 기간, 투자 손실에 대해 감수할 수 있는 손실수준, 현재와 미래의 수입원, 파생상품 투자 경험 등을 파악하는 작업입니다. 작성된 설문지를 기반으로 안정형부터 공격투자형까지 5개 유형으로 분류하며, 그에 맞는 적합한 상품의 투자권유가 이뤄지게 됩니다.

이때 항목별 설문에 같은 응답을 하더라도 연령에 따른 배점이 다르게 적용됩니다. 30대와 60대의 투자자가 위험을 대하는 태도가 다르기 때문입니다. 일반적으로 나이가 많을수록 위험을 회피하고 안전자산을 선호하는 경향을 보입니다.

투자성향 파악이 끝나면 각자의 유형 분류 등급에 맞는 상품을 선정합니다. 위와 마찬가지로 같은 유형의 상품이라도 자산의 특성이나 투자비중에 따라 위험등급이 달라지므로 반드시 투자설명서를 참고해야 합니다.

친구 따라 강남가면 결국 마음 고생하는 지름길

한승규 39세

평소 알뜰하게 돈을 모아 적금을 붓고 저축에만 투자하던 직장인 한승규 씨는 점점 줄어드는 이자에 고민하던 중 친구로부터 6개월마다 만기가 돌아오고 이자도 많이 주는 예금이 있다는 얘기를 들었습니다. 우리나라와 홍콩 시장지수에 투자하기 때문에 안전하고, 6개월이면 조기 상환되어 연 8%의 이자까지 준다는 설명을 듣고는 전세금에 보태기 위해 모아둔 3,000만 원을 투자했습니다. 승규 씨가 가입한 홍콩 H주는 가입 시점에 1만 4,500포인트였지만, 가입 한 달 후부터 시장이 급락하여 8개월 시점에 7,505포인트까지 하락했습니다. 중간에 해지하면 시장하락률보다 더 크게 손해를 본다는 얘기에 계속 마음 졸이며 3년을 기다릴 수밖에 없었습니다. 알고보니, 승규 씨가 가입한 상품은 주가연계증권ELS이었습니다. 다행히도 만기 시점에 시장이 일부 회복되어 원금을 회수했지만, 다시는 투자하지 않겠다며 전액을 정기예금에 예치했습니다.

투자성향이 중요한 이유는 예상치 못한 각종 리스크를 대비하고 투자손실을 줄이는 역할과 더불어 불필요한 마음고생을 막을 수 있기 때문입니다. 예컨대 평생 예·적금만 해온 보수적이고 안정적인 투자성향을 가진 사람이 주식으로 돈을 벌었다는 지인을 따라 주식 투자를 했다고 가정해 봅시다. 가입 다음 날부터 조금만 주가가 내려가도 불안해서 잠을 잘 수 없게 됩니다. 수익은 고사하고 정신적인 스트레스가 높아지며 주 업무에도 악영향을 끼칠 것입니다.

반대로 공격투자형 성향을 가지고 있는 사람은 정기예금에 자금을 예치하고 있는 꼴을 보지 못합니다. 장기투자는 생각조차 하지 못하죠. 이런 유형의 사람이 안정적인 상품에 가입했다면 대부분 중도해지를 하고 맙니다. 결국 자신의 투자성향에 적합한 상품을 선택하는 것이 마음 편한 투자, 이기는 투자의 출발점입니다.

상담을 하다 보면 친구나 지인에게 소개받은 상품에 무조건 가입하겠다고 우기는 분들도 있습니다. 절대 상품 판매가 불가할까요? 만약 투자자가 자신의 투자성향보다 높은 등급의 위험한 상품을 요청한 경우, 투자자에게 부적합한 사실 및 해당 금융상품의 위험성을 설명한 후 상품을 안내할 수 있습니다. 하지만 본인이 부적합함에도 가입했으며, 향후 손실 발생 시 책임을 지겠다는 각서를 작성해야 합니다.

BW

기존 채권자가 일정 기간이 경과한 후에 할인된 가격(행사가격)으로 발행회사의 신주를 인수할 권리, 즉 신주인수권이 부여된 사채를 말한다. 기존에 발행된 채권은 그대로 가지고 있고 부가적으로 신주인수권이라는 옵션이 부여되며, 신주인수권은 정해진 기간 내에 언제든지 행사할 수 있다.

누구에게나
자기만의 재테크 방식이 있다

앞서 말했듯 최적의 포트폴리오에 대한 정답은 없습니다. 투자자마다 성향이 다르며, 투자목적이나 운용기간 등도 제각각이기 때문입니다.

적극적인 투자자라면 주식처럼 단기간에 수익을 올릴 수 있는 상품을 선택할 것이고, 소극적인 투자자라면 예·적금과 같이 수익률이 낮더라도 안정적인 상품을 선택하겠죠. 투자 경험이 많은 사람은 다양한 상품으로 포트폴리오를 구성할 테고, 사회초년생과 같은 초보자는 투자자금도 투자지식도 부족하니 적금 형태로 매월 납입되는 단순한 구성을 선호할 것입니다. 결국 현재의 자신에게 맞는 투자방법을 모색해야 합니다. 그러기 위해서는 어떤 상품이 있는지 잘 알아야 하고요.

많은 사람이 금융상품만 재테크로 생각하는 경향이 있습니다. 금액과 관계없이 투자할 수 있고, 주변에서 가장 흔하게 접하는 상품이기 때문일 텐데요. 대표적인 금융상품인 예금(채권)만 하더라도 금융회사별 장단기 예금과 적금, 회사채, CP(기업어음), BW(신주인수권부사채), ABCP(자산 유동화 기업어음) 등 종류가 다양합니다. 주식에는 국내외 개별주식과 펀드가 있죠. 부동산은 실물자산만 있다고 생각하기 쉽지만 국내외 부동산 관련 펀드나 해외 수익형 부동산 관련 특정금전신탁도 있습니다.

ABCP

자산 유동화를 위해 세워진 유동화 전문회사인 특수목적회사(SPC)가 매출채권, 부동산, 회사채 등의 자산을 담보로 발행하는 기업어음이다. 그중 부동산 관련 ABCP는 건물 지을 땅, 건설사 보증 등 부동산 관련 자산을 담보로 발행되는 단기 유동화증권이다. 비교적 안정적인 자산을 근거로 발행되며 3개월짜리 단기상품이기 때문에 안정성과 유동성을 확보할 수 있는 장점이 있다.

재테크의 3원칙

재테크는 돈을 효율적으로 운용해서 많은 수익을 올리는 것이 목적입니다. 이익을 극대화하되 원금 손실을 최소화하고, 필요할 때 현금화할 수 있어야 합니다. 즉 수익성, 안전성, 환금성의 재테크 3원칙이 적절하게 조화를 이룰 때 최적의 재테크를 달성할 수 있습니다.

일반적으로 금리가 낮으면 시중에 유동자금이 넘쳐나고 대출이 용이해져서 수익성자산인 주식과 부동산이 상승합니다. 반면 시중 금리가 높아지면 채권가격은 떨어집니다. 또한 경기가 회복 조짐을 보이면 주식시장이 먼저 상승하고 뒤이어 부동산 가격이 올라가는 경향이 있습니다. 이처럼 주식, 부동산, 채권은 일제히 상승하고 하락하는 것이 아니라 서로 엇갈리거나 시차를 두고 등락한다는 것을 알 수 있습니다.

따라서 자신의 자산을 특정 상품에 몰아서 투자하는 것은 좋은 방법이 아닙니다. 주식은 단기 등락이 심해서 부동산보다 위험

자산이며, 부동산은 고액으로 환금성이 떨어지는 약점이 있습니다. 같은 주식에서도 중·소형주보다 대형주가, 코스닥 종목보다 거래소 종목이, 성장주보다 가치주가 상대적으로 안정성이 높고 기대수익은 떨어집니다. 부동산 역시 상가나 오피스텔보다 아파트가 투자위험이 낮습니다.

투자에서 중요한 것은 상품이 아니다

투자자의 연령은 금융상품 선택 시 절대적으로 고려해야 할 요소 중 하나입니다. 투자자의 연령이 생애주기상 어디에 위치하느냐에 따라 근본적인 재무목표와 소득, 노후대비 방식이 달라지기 때문입니다.

나이에 따른 적절한 투자상품의 비중을 알려주는 재테크 법칙이 있습니다. 바로 '100-나이의 법칙'입니다. 나이에 따른 금융상품 선택기준을 의미하는데요. 100에서 자신의 나이를 뺀 만큼의 비중을 주식이나 펀드 같은 수익성 상품에 운용하고, 나머지는 예·적금 등 안정성 위주의 금융상품에 배분하라는 것입니다.

예컨대 30세라면 70%는 공격적으로 투자하고 나머지 30%는 안전한 상품에 투자하는 방식입니다. 외국에서 들어온 이 공식이 우리나라에 적용하기에는 다소 공격적이라는 생각도 듭니다. 중요한 사실은 젊을수록 투자할 수 있는 기간이 길고 손실이 생겨도 이를 회복할 기회가 충분하지만, 나이가 들면 손실을 만회할 시간이 부족하기 때문에 위험관리에 더 신경을 써야한다는 것입니다.

또 하나 기억할 것이 있습니다. 우리 사회에서 현실적으로 나이보다 더 큰 영향을 미치는 것은 자산의 규모와 금융지식이라고 할 수 있습니다. 나이가 많더라도 자본력을 바탕으로 다양한 투자를 해 본 사람이 더 공격적이고, 금융상품에 대해 정확히 알고 있는 사람은 발생 가능한 리스크를 예측하고 극복하므로 투자성향에 상관없이 자유로운 투자가 가능합니다.

투자성향은 항상 똑같지 않습니다. 자산이 늘어날수록, 투자경험이 많아질수록 그리고 금융지식이 해박할수록 더 적극적으로 변화해 갑니다. 사회초년생인 여러분은 자산도, 경험도, 지식도 아직 쌓은 것이 없지만 젊습니다. 금융지식을 쌓고 자신의 상황과 성향에 맞는 투자를 꾸준히 해나가다 보면, 언젠가 우러러보는 사람들과 어깨를 나란히 할 수 있는 날이 분명 올 것입니다.

잘 고쳐지지 않는
재테크의 고정관념

반복되는 한국인의 투자성향

　예금으로 자산을 늘리던 시절에는 투자자의 성격이나 성향, 투자방식이 전혀 상관없었습니다. 하지만 이제는 리스크를 고려해야 하는 투자의 시대입니다. 잘못된 습관이나 투자방식은 직접적인 손실로 이어질 수 있기 때문에 주의해야 합니다. 대부분의 한국인이 가지고 있는 잘못된 투자성향에 대해 살펴볼까요?

01 매번 되풀이되는 투자의 쏠림 현상

'친구 따라 강남 간다'는 말이 있습니다. 본인의 판단에 의한 결정이 아니라 남들이 하는 대로 따라하다 보면 쏠림 현상이 나타날 수밖에 없습니다. 우리나라는 유난히 특정한 투자처로의 쏠림 현상이 심하게 나타납니다.

2007년에는 너도나도 펀드에 가입하기 위해 은행이나 증권사 창구에 줄을 서서 기다릴 정도였습니다. 특히 전 세계 어디든 돈 되는 모든 곳에 투자한다는 미래에셋의 I펀드는 일주일 만에 3조 원이 넘는 투자금을 끌어 모았습니다. 2010년에는 자동차, 화학, 정유로 대표되는 투자자문사의 압축투자, 그리고 돈 될 만한 곳을 찾아내 높은 수익을 안겨준다는 랩어카운트의 한해였습니다. 2015년 상반기에는 중국 바람이 몰아치며 몇 개월 만에 30~50% 수익은 기본이고, 고수익을 위해 레버리지나 단타가 난무했죠. 최근에는 저금리 기조 속에서 정기예금 가입하듯 ELS 상품에 투자하는 것이 일상화되었습니다. 이러한 극단적인 쏠림 현상은 투자에 대한 정상적인 판단을 마비시키고, 결국엔 손실이라는 결과를 가져온다는 사실을 비싼 수업료를 들이면서 매번 되풀이하고 있습니다.

> **랩어카운트**
>
> 자산운용과 관련된 여러 가지 서비스를 한 데 묶어서(wrap) 고객의 성향에 맞게 제공하고, 고객이 맡긴 재산에 대해 자산구성·운용·투자자문까지 통합적으로 개인별 계좌(account)를 관리해 주는 종합금융서비스를 말한다. 쉽게 말해, 한 명의 투자자를 집중적으로 관리해주는 1:1과외서비스라고 할 수 있다. 선진국에서는 투자은행의 보편적인 영업 형태이며, 자산운용 방식에 따라 자문형과 일임형으로 나눌 수 있다.

02 지나치게 타인을 의존하는 태도

은행을 찾는 상당수 고객이 창구직원의 말을 전적으로 신뢰하는 경향을 보입니다. 물론 금융회사 직원들은 투자자보다 정보의 우위에 있습니다. 많은 투자 경험과 지식을 갖고 있기 때문에 충분한 상담을 통해 직원들이 권하는 상품에 가입하는 것이 정석일 수 있습니다. 하지만 직원이 권유하는 모든 상품이 투자자에게 유리한 것은 아닙니다. 직원들도 실적이 중요하며, 설령 좋은 상품을 권유했다고 하더라도 매번 좋은 결과를 가져오지는 못합니다.

"요즘 좋은 상품 추천해 줘"라는 투자자의 말에 판매직원은 마음 속으로 쾌재를 부릅니다. 그리고 '최근 수익률 높은 펀드, 사람들이 가장 많이 가입하는 펀드, 신문에 실린 핫한 펀드'를 소개하며 가입을 권유합니다. 투자자는 묻지도 따지지도 않고 가입신청서에 서명합니다. 그리고는 이렇게 말하죠.

"김 팀장, 무조건 믿고 맡길게. 알아서 잘해줘."

이는 투자자로서 굉장히 무책임한 발언입니다. 결국은 나의 자산으로 하는 투자이며, 투자 결과에 대한 책임도 언제나 본인에게 있습니다. 무조건 믿고 따를 것이 아니라 스스로 관리하고 판단할 수 있는 투자 체력을 키우는 것이 급선무입니다.

03 선 투자, 후 확인

예금이나 적금은 해지하고 다시 시작해도 큰 문제가 없습니다. 하지만 투자는 다르죠. 펀드에 가입하면서 어디에 투자하는지, 투자전략은 어떻게 되는지 모르는 사람이 많습니다. 심지어는 상품 이름도 모르고 투자하는 경우도 다반사입니다. 그리고는 수익률이 낮아진 이후 또는 매체에 오르내리고 나서야 결과를 확인하기 시작하죠. 더 큰 문제는 부동산과 같이 고액의 자산에 투자하는 경우입니다. 작은 것은 엄청 확인하고 챙기면서도 수천만 원에서 수억 원에 달하는 부동산 투자를 할 때는 부동산 중개업자나 방송에서 좋다는 말 한마디에 솔깃해서 크게 지르는 경우가 허다합니다.

주식이든, 펀드든, 부동산이든 투자 직전까지 전문가의 상담을 받고 예상 수익률과 위험 가능성을 충분히 점검해야 합니다. 그리고 일단 투자를 했다면 확신을 가지고 여유 있게 지켜보는 자세가 필요합니다.

04 투자에도 적용되는 빨리빨리 증후군

ELS가 상환되어 원리금이 입금된 당일 바로 재투자를 한다거나, 펀드 환매 자금이 들어오자마자 다른 상품으로 재가입하는 경우도 심심찮게 볼 수 있습니다. 금융회사 직원들의 적극적인 마케팅이 주요 요인이기도 하지만 투자자들은 무엇이든 하지 않으면 뒤처진다는 조급증을 갖고 있습니다. 당연히 투자의 결과물도 빨

레버리지·인버스 펀드

레버리지펀드는 파생상품에 투자해 지수보다 높은 수익을 추구하는 펀드로, 상승장에서는 높은 수익률을 기대할 수 있지만 하락장에서는 손실도 커져 고위험·고수익 상품으로 분류된다. 인버스펀드는 주식관련 장내외 파생상품 투자 등을 통해 기초지수(코스피 200지수)의 일별수익률을 음의 1배수 즉, 역방향으로 추적하는 펀드를 말한다. 예를 들어, 코스피 200지수가 1% 하락할 경우 인버스펀드는 플러스 1% 수익률을 목표로 운영된다.

리 빨리 확인하고 싶어 하죠. 그러다 보니 펀드 투자에서도 시장 수익률을 초과하여 수익을 내는 레버리지 상품이나 하락장에서도 수익이 발생하는 인버스 상품에 투자하는 사람들이 많습니다. 금융회사들은 이러한 투자자들의 성향을 적극적으로 활용하여 수수료 수익을 맘껏 챙기고 있고요.

거창한 투자철학까지는 아니어도 좋습니다. 무조건적인 줄서기나 따라하기만 아니면 됩니다. 다시 한 번 강조하지만, 자신의 투자성향을 파악하고 그에 맞는 투자가 이루어지는 것이 투자의 첫걸음이라는 사실을 명심하세요.

자기만의
투자원칙을 정하라

투자에 실패하는 이유가 있다

그럼 앞서 언급한 잘못된 투자성향만 고치면 모두가 투자에 성공할 수 있을까요? 아쉽지만 그렇지 않습니다. 올바른 투자성향을 갖춘 후에는 자기만의 투자원칙을 정해야 합니다. 만약 재무목표도 설정했고, 소비습관도 점검했고, 잘못된 투자성향도 바로잡았는데 여전히 재테크에 실패한다면, 다음 내용을 체크해 보세요.

01 원금 손실에 대한 두려움이 크다

최근 1%대 저금리 현상을 바라보며 투자의 필요성을 절감하는 사람이 많을 것입니다. 하지만 투자를 결심했다가도 급변하는 금융시장에 섣불리 뛰어들지 못하고 발만 동동 구르는 경우가 대부분이죠. 2008년 금융위기, 2015년 세계 경기악화 등의 변수를 기억하기 때문입니다. 그래서 많은 투자자들이 조금만 하락세를 보여도 원금손실에 대한 불안과 두려움을 갖고 결국 투자를 멈춥니다. 하지만 투자의 제1성공요인은 꾸준함과 인내심, 그리고 시간입니다. 원금 손실에 대한 위험도 어느 정도 감수해야 수익을 얻을 수 있으며, 여러 상황을 고려하여 위험 요소를 최소화 하는 방법을 찾는 것이 중요합니다.

02 본전을 찾으려는 경향이 강하다

상담을 하다 보면 여러 투자자에게서 공통적으로 보이는 현상이 있습니다. 동일 시점에 투자한 A 펀드는 10% 수익이 나고 B 펀드는 10% 손실이 생긴 상황이라면, 자금이 필요할 때 A 펀드를 환매하는 경우가 많습니다. 수익이 난 A펀드는 본전을 지켰으니 혹시 떨어지기 전에 환매하고, 실적이 부진한 B펀드는 손실을 확정하기 보다는 '기다리면 좋아지겠거니'라는 막연한 기대를 가지는 것입니다. 그러다 보니 현실에서는 실적이 양호한 펀드를 빨리 환매하고 실적이 나쁜 펀드를 계속 보유하게 됩니다. 결과적으로 낮은 수익률을 얻을 수밖에 없는 것이죠.

03 다른 사람을 무조건 따라한다

실패하는 투자자들의 공통점 가운데 대표적인 것이 다수에 이끌려 '묻지마 투자'를 한다는 점입니다. 투자에 대한 불확실성과 금융문맹의 결과가 다른 사람들을 무조건 따라 하도록 만듭니다. 우리가 SNS를 검색해 맛집을 찾아가는 이유는 다른 사람들의 후기를 통해 '검증'되었다는 느낌이 들기 때문입니다. 은행 창구에서도 비슷한 심리가 작용합니다. 투자는 해야겠는데, 투자상품에 대한 확신이 없다 보니 남들이 많이 하는 인기상품에만 올인하는 상황이 생기는 것이고요.

04 모든 정보를 자기중심으로 해석한다

금융기관에서 투자상품을 판매할 때 사용하는 자료들은 거짓 정보가 거의 없습니다. 금융기관의 내부통제기준 준수여부를 점검하는 준법감시인의 심의를 거친 자료만을 판매에 활용하도록 제도화되어 있기 때문입니다. 하지만 판매 자료에 적힌 정보가 투자 결과까지 정확하게 예측할 수는 없습니다. 같은 상품이라도 어느 시점에 투자하느냐에 따라 상당한 차이를 가져올 수 있으며, 영향을 미치는 외부 요인도 다양합니다. 이는 같은 정보를 두고 해석하는 방식에 따라 다른 예측을 할 수 있다는 의미이기도 합니다.

투자자들은 일반적으로 자신에게 유리하고 좋은 것만을 기억하고 싶어 합니다. 특정 상품의 정보를 객관적으로 받아들이고 이성적으로 판단하는 것이 아니라, 직관적으로 선택한 뒤 자신의 결정은 항상 옳으며 실적도 좋을 거라고 믿고 싶어 하죠. 특히 이런 경향은 여자보다 남자가 강하고 빈번하게 발생합니다.

기본으로 돌아가라

여기까지 설명하면 "그럼 도대체 어떻게 투자해야 높은 수익을 올릴 수 있나요?"라는 질문을 하고 싶을 겁니다. 불확실성이 점점 커지는 시장에서 정답은 없습니다.

그렇다면 질문을 바꿔서 "어떻게 하면 자산을 지킬 수 있을까요?"는 어떤가요? 한결 부담도 줄어들고 편안해지는 느낌입니다. 일을 크게 벌여 자산을 늘려야겠다는 압박감에서 벗어나 지금 가진 것을 유지한다고 생각하니 왠지 할 수 있을 것 같은 자신감도 생깁니다. 축구에서 이겨야 하는 경기와 비겨도 하는 경기의 느낌 차이라고 할까요.

투자에 있어 핵심적인 사항들을 정리하면 다음과 같습니다.

첫째, 기본을 지키는 투자를 해야 합니다. 물론 우리가 너무도 잘 아는 투자 상식입니다. 그것이 계속해서 회자되는 것은 그만큼 지키기가 어렵다는 방증이기도 합니다.

둘째, 자신의 투자성향에 맞는 투자를 해야 합니다. 그래야 심리적인 안정감 속에 지속적으로 투자할 수 있습니다. 또한 외부적 환경에도 쉽게 흔들리지 않습니다.

셋째, 위험은 나눠야 합니다. '달걀을 한 바구니에 담지 말라'는 격언처럼 분산투자가 중요합니다. 항상 좋은 상품, 수익률이 높은 상품만 투자할 수는 없으며, 그런 상품은 존재하지도 않습니다. 상관계수가 낮은 상품에 분산하여 위험을 최소화해야 합니다.

넷째, 길게 호흡해야 합니다. 자주 갈아타기보다는 멀리 보며 기다리는 것도 좋은 투자방법입니다. 물론 장기투자가 꼭 높은 수익으로 연결되는 것은 아닙니다. 하지만 수익을 낼 기회는 더 많이 찾아옵니다.

마지막으로, 기대수익률을 현실적으로 조정해야 합니다. 요즘처럼 변동성이 큰 장세에서는 예전처럼 고수익만을 고집해서는 안됩니다. 주어진 상황 속에서 실질적인 수익률로 조정해야 실망하지 않고 끝까지 지킬 수 있습니다.

나는 어떤 유형일까?
투자성향 파악하기

01 당신의 나이는?

① 29세 이하   8점
② 30세 이상   6점
③ 40세 이상   5점
④ 50세 이상   3점
⑤ 60세 이상   2점

02 당신의 소득을 가장 잘 나타내는 것은?

① 현재 일정한 소득이 발생하고 있으며, 향후 현재 수준을 유지하거나 증가할 것으로
  예상   17점
② 현재 일정한 소득이 발생하고 있으나, 향후 감소하거나 불안정할 것으로 예상   10점
③ 현재 일정한 소득이 없음   3점

03 금융상품 투자에 대한 본인의 지식수준은 어느 정도라고 생각하는가?

① 금융상품을 비롯한 모든 투자상품의 차이를 이해할 수 있는 정도 18점
② 투자할 수 있는 대부분의 금융상품의 차이를 구별할 수 있는 정도 13점
③ 주식과 채권의 차이를 구별할 수 있는 정도 8점
④ 예·적금에 대해서만 아는 정도 3점

04 당신의 투자경험과 가장 가까운 것은?

① 은행 예·적금, 국공채, MMF, CMA 등 3점
② 채권형펀드, 원금보장형 ELS, 신용도가 높은 회사채 등 8점
③ 원금부분보장형 ELS, 혼합형펀드, 신용도가 중간 정도인 회사채 등 11점
④ 원금비보장형 ELS, 시장수익율 수준의 주식형 펀드, 신용도 낮은 회사채 등 14점
⑤ 고수익을 추구하는 주식형펀드, 파생상품펀드, 선물·옵션 등 17점

05 투자하고자 하는 자금의 투자기간은?

① 3년 이상 8점 　　　② 2년 이상 6점
③ 1년 이상 5점 　　　④ 6개월 이상 3점
⑤ 6개월 미만 2점

06 투자원금에 손실이 발생할 경우 감수할 수 있는 손실 수준은 어느 정도인가?

① 기대수익이 높다면 위험이 높아도 상관없다 32점
② 20% 까지는 손실을 감수할 수 있다 24점
③ 10% 까지는 손실을 감수할 수 있다 16점
④ 무조건 투자원금은 보전되어야 한다 6점

투자성향 분석 결과 및 투자상품 예시

점수	투자성향 등급	유형의 의미	투자상품 예시
40점 이하	안정형	예금 또는 적금 수준의 수익률을 기대하며, 투자원금에 손실이 발생하는 것을 원하지 않는 유형	정기예금, 적금, 국공채, CMA, MMF
41~55점	안정추구형	투자원금의 손실을 최소화하고, 이자나 배당소득 수준의 안정적인 투자를 목표로 함. 다만 수익을 위해 단기적인 손실을 수용할 수 있으며, 예·적금보다 높은 수익을 위해 자산 중 일부를 변동성 있는 상품에 투자할 의향이 있는 유형	채권형펀드, 원금보장 ELS, 저축보험, 연금보험
56~68점	위험중립형	투자에 따른 위험이 있음을 충분히 인식하고 있으며, 예·적금보다 높은 수익을 기대할 수 있다면 일정수준의 손실위험을 감수할 수 있는 유형	채권혼합형펀드, 해외채권형펀드, 원금부분보장 ELS
69~80점	적극투자형	투자원금의 보전보다는 위험을 감내하더라도 높은 수준의 투자수익을 추구함. 투자자금의 상당 부분을 주식, 주식형펀드 또는 파생상품 등의 위험자산에 투자할 의향이 있는 유형	주식혼합형펀드, 원금비보장 ELS (주가지수형), 변액연금보험
81점 이상	공격투자형	시장평균 수익률을 훨씬 넘어서는 높은 수준의 투자수익을 추구하며, 이를 위해 손실위험을 적극 수용함. 대부분의 투자자금을 주식, 주식형펀드 또는 파생상품 등 위험자산에 투자할 의향이 있는 유형	주식형펀드, 원금비보장 ELS (종목형), 선물, 옵션, 변액보험

*동일유형의 상품이더라도 위험등급이 상이할 수 있으므로 반드시 투자설명서를 확인해야 합니다

05

행동하기 전에
설계하라

재무설계는
꿈을 이루는 설계도

재테크에 대한 오해와 진실

재테크는 이미 부자이거나, 부자가 되고 싶은 사람들을 위한 지름길이며, 시작하기만 하면 높은 수익을 얻을 수 있다는 인식을 가지고 있는 사람이 많습니다. 하지만 현실은 다릅니다.

요즘 많은 사람이 투자하고 있는 펀드로 얘기해 볼까요? 1998년 IMF 당시 종합주가지수가 300 수준이었고 2002년 월드컵 때는 800 수준이었습니다. 2018년 1월 2,600까지 상승했던 종합주가지수는 현재 2,100선에서 움직이고 있습니다. 숫자만 놓고 단순하게 생각하면, 예전부터 투자한 사람은 당연히 몇 배의 수익이 났어야 합니다. 그러나 실제로 우리 주변에서 펀드나 주식 투자로 부자가 되었다는 사람은 손에 꼽을 정도로 적습니다. 오죽하면 재테크로 성공한 사람들의 이야기가 책으로 나올까요.

재테크를 통해 부자되기가 쉽지 않은 이유는 무엇일까요? 가장 큰 이유는 자신의 구체적인 목표나 계획 없이 판매직원의 권유를 무조건 따라하기 때문입니다. 금융회사는 금융상품 판매를 통해 판매수수료를 챙깁니다. 장기 투자보다는 반복 회전식 판매를 통해 수수료 수입을 올리는 것이 좋죠. 그러다 보니 개별 금융상품에 대한 정보를 중심으로 상담과 판매가 이루어지고, 상담 시점의 인기상품에 가입하는 단기적인 재테크에만 익숙해져 있는 것이 현실입니다.

재테크는 용어 그대로 테크닉, 기술입니다. 그러나 투자자 중 상당수는 돈 버는 기술에 대한 이해나 명확한 기준 없이 재테크에 뛰어듭니다. 목표도, 관련 지식도 없으니 타인의 말에 쉽게 흔들리고, 무조건 남을 따라하는 경향이 강하죠. 이런 분들은 주식이나 부동산 등 대박의 환상에서 벗어나지 못하며, 고수익을 추구하느라 위험 요소가 많은 투기성 상품에 덜컥 투자하는 경우도 많습니다.

금융회사 입장에서도 투자자의 관심이 수익률에만 집중되어 있으니 어떻게든 짧은 시간에 높은 이익을 볼 수 있는 단기 투자를 권하기 마련입니다. 사람들이 가진 재테크에 대한 오해가 판매수수료로 이익을 보는 금융회사의 목표와도 딱 맞아떨어지므로 악순환이 계속될 수밖에 없는 것이죠. 결국 모두가 나무만 보고 숲은 보지 못하는 우를 범하게 됩니다.

결국 재무설계가 답이다

그렇다면, 건강한 재테크는 어떻게 해야 할까요? 운을 쫓기 보다는 저축과 투자를 통해 돈을 모으고, 이 돈을 생애주기에 맞춰 효율적으로 배분하는 방법을 배우는 것에서부터 출발해야 합니다.

우리의 인생은 100m 달리기가 아니라 마라톤입니다. 자신에게 맞는 장기적이고 체계적인 돈 관리 방법을 찾아야 합니다. 사람들에게는 저마다의 꿈이 있죠. 꿈을 이루기 위해서는 미래를 내다보며 계획하고 실천하는 노력이 필요합니다. 목표가 분명하다면 수십 년이 걸리더라도 언젠가는 도착하기 마련이죠. 재무도 마찬가지입니다. 이때 필요한 작업이 바로 재무설계입니다.

재무설계Financial Planning는 개인의 자산과 부채, 소득과 지출을 효율적으로 관리함으로써 다양한 재무목표를 설계하고 구체적인 자금계획을 세워 꾸준히 실행하는 과정을 의미합니다.

여러분이 이해하기 쉽게 여행을 간다고 가정해 봅시다. 당일 국내 여행이라면 별다른 준비 없이 돈만 들고 출발해도 큰 무리가 없습니다. 하지만 가족과 함께 장기간 해외 자유여행을 떠난다면 얘기는 달라집니다. 패키지여행도 아닌데 돈만 들고 그냥 출발하는 사람은 없을 것입니다. 가족과 협의해서 목적지를 정하고 얼마 동안 여행할지, 어떤 방식으로 여행할지, 숙소는 어디로 할지, 자금은 얼마가 필요한지, 기후와 안전대책도 세우고 각 나라의 세부정보까지 찾아보겠죠. 이렇게 준비를 하고 출발해도 현지에서는 돌발변수가 많이 발생합니다. 그래도 꼼꼼히 준비하면 할수록 큰 무리 없이 여행을 마칠 수 있을 것입니다.

가족여행과 마찬가지로 재무설계는 본인뿐만 아니라 가족 구성원이 함께 재무목표를 준비하고 해결해 나가는 과정이라고 할 수 있습니다. 결국 돈의 양보다 돈이 필요한 시기와 사용처를 고려하여 재무목표를 정하고 이에 필요한 자금을 만들기 위한 계획과 꾸준한 실천이 중요하죠. 본인의 재무상황, 위험성향, 재무목표 달성 시점 등을 살펴서 그에 맞는 투자계획을 세우면 됩니다.

이때 생애주기가 중요한 이유는 일반적으로 각자의 생애주기에 따라서 소득과 지출이 달라지고, 단계별로 필요한 자금이 있기 때문입니다.

100세 시대, 재무설계는 인생설계라고 했습니다. 결국 인생의 그래프를 그리는 장기 프로젝트인 셈이죠. 직장에 다니든 사업을 하든 본인이 벌어들일 수 있는 자금이 있고, 원하든 원치 않든 반드시 사용해야 할 필요자금이 있습니다. 쓰고 싶은 돈과 버는 돈의 차이가 있고, 돈을 많이 버는 시기와 큰돈을 써야 하는 시기도 다릅니다. 우리는 이러한 소득과 지출 간 불일치를 해소하기 위해서 지금부터 효율적인 자산관리에 힘써야 합니다. 전체적인 인생의 그래프를 그려보고 장기적인 가정 경제 계획을 세우는 활동, 그것이 바로 재무설계입니다.

재무설계가 필요한 사람은 바로 당신

재무설계 상담을 하다 보면 고객의 유형이 크게 두 부류로 나뉩니다. 하나는 노후 준비를 목적으로 상담을 요청하는 50대 이상 고객이고, 다른 하나는 재무설계가 무슨 소용이냐며 손사래를 치는 고객입니다.

대부분의 사람이 재무설계에 대해 부정적인 반응을 보입니다. 처음 보험회사에서 재무설계라는 이름으로 장기 보험을 판매했고, 현재도 금융회사의 마케팅 도구로 활용되는 사례가 많기 때문입니다. 그럼에도 불구하고 스스로 상담을 받으러 오는 고객은 용기 있는 사람입니다. 그런데 안타까운 것은 상당수가 50대 이상의 여자 고객이라는 사실입니다. 남편의 퇴직도 얼마 남지 않고 자녀들의 결혼도 준비해야 하는데, 방송 매체에서는 100세 시대에 대비해 노후준비를 해야 한다고 떠들어대니 불안한 마음으로 상담을 요청하는 사례가 많습니다. 이 경우 저도 상당히 난감합니다. 준비할 자금도 시간도 모두 부족하기 때문입니다. 나름대로 안내를 해드리면서도 씁쓸해집니다. 지금부터 준비하더라도 빠듯한 노후를 보낼 가능성이 높으니까요.

많은 사람이 재무설계와 재테크를 혼동하고, '재무설계는 부자들이나 하는 것'이라는 착각을 합니다. 솔직히 돈이 많은 사람들은 자산을 관리해줄 담당 변호사나 세무사가 있고, 재무설계 서비스를 받지 않더라도 여유자금으로 노후를 책임질 수 있습니다. 오히려 노후준비와 같은 재무목표가 아니라 사업의 승계나 상속, 증여 등 세대 간 부의 이전에 더 관심이 많습니다.

그러면 실질적으로 재무설계가 필요한 사람은 누구일까요? 바로 사회초년생이나 중산층 이하의 서민들입니다. 모아놓은 돈도 별로 없고, 향후 소득이 급격히 늘어날 것도 아니기 때문에 더욱 생애주기에 따른 목표와 계획이 필수입니다. 결국 인생의 각종 재무목표를 어떻게 해결해 나갈지 난감한 당신이 바로 재무설계가 꼭 필요한 사람입니다.

금융의 멘토, 재무주치의를 만들어라

전문가가 되지 말고 전문가를 활용하라

최근 금융상품과 서비스의 종류가 다양해지고 구조도 점점 복잡해지고 있습니다. 게다가 급변하는 금융환경과 투자지역의 세계화로 더더욱 투자 판단을 내리기 힘든 상황이 되었습니다. 투자자 입장에서는 선택의 폭이 넓어진다는 장점이 될 수 있지만, 한편으로는 투자가 어려워지고 리스크가 커진다는 것을 의미합니다. 특히 아무것도 모르는 금융문맹에게는 심각한 문제죠.

대부분의 부자는 돈도 많지만 금융지식도 많고 투자 경험도 많습니다. 그들은 언제나 새로운 정보를 찾아다니고, 주변에 다양한 조언자를 두고 그들의 말에 귀를 기울이며 가장 합리적인 방안을 찾으려고 노력합니다. 이를 통해 투자를 결정하는 과정에서 발생할 수 있는 위험요소를 줄이는 것입니다.

자산을 관리하는 데 도움을 주는 사람들은 금융전문가뿐 아니라 변호사, 세무사, 주변의 지인들까지 다양할 수 있습니다. 때로는 서로 반대되는 조언을 할 수도 있지만 이를 종합해 보면 그 투자가 어떤 위험성이 있는지 알게 해주는 좋은 계기가 됩니다. 경험이 많은 사람은 이런 조언을 들으며 스스로 분석하고 판단하여 최적의 선택을 하죠.

그러나 이제 막 첫발을 내딛은 사람에게는 쉽지 않은 일입니다. 건강을 챙기기 위해 의사가 되고, 절세를 위해 세무사가 될 필요는 없듯, 우리 모두가 자산관리전문가가 되지 않아도 됩니다. 전문가를 적극 활용하면 되니까요. 개인적인 성향과 상황을 이해하고 여러 분야의 다양한 조언을 한데 모아 분석해 줄 수 있는 사람을 곁에 두는 것입니다. 병원으로 생각하면 주치의와 같은 개념이죠. 자산관리에서도 의사와 같은 역할을 해주는 사람을 재무주치의(자산관리전문가)라고 합니다.

투자자 개인이 부단히 정보를 수집하고 투자 경험을 쌓아 전문가가 되는 방법도 있겠지만, 가장 효율적인 것은 자신의 업무 영역에서 전문가가 되면서 자산관리에 있어서는 금융 분야의 전문가를 적극적으로 활용하는 것입니다.

요즘 대부분의 금융회사에서는 100세 시대 맞춤형 노후설계 등 재무설계를 활용한 고객관리 활동을 강화하고 있습니다. 온라인을 활용한 재무설계 방법도 있지만, 자의적인 해석으로 잘못된 계획을 세울 수도 있으므로 처음에는 금융회사 창구를 방문하여 재무설계사(FP, FC, PB 등)나 은퇴설계전문가ARPS의 도움을 받는 것이 좋습니다.

또한 은행, 증권, 보험 등 타업종의 상담을 함께 받아보는 것을 권합니다. 업종별로 장단점이 있어서 한 번의 상담으로 본인의 인생계획을 정할 수는 없기 때문입니다.

어떤 전문가를 선택할 것인가?

은행거래를 하고 있다면 나의 자산관리를 담당하는 재무주치의 한 명 정도는 갖고 있는 것이 좋습니다. 부자에게 전문적인 분야의 경험이 풍부한 전문가가 필요하다면 사회초년생에게는 꾸준히 금융에 관심을 가질 수 있도록 유도하고 이끌어주는 멘토가 필요합니다. 금융의 길잡이가 되어줄 전문가는 어떤 사람이 좋을까요?

먼저 자신과 궁합이 맞는 전문가를 찾는 것이 중요합니다. 많은 사람들은 이름 꽤 날리는 유명인이거나 투자실적이 우수한 사람이 좋다고 생각할 것입니다. 일부 그런 측면도 있겠지만 여러분은 자산이 많지 않기 때문에 그들과 만날 수 없습니다. 현재 자산도, 경험도, 금융지식도 부족한 여러분에게 무엇보다 중요한 선택 기준은 투자성향과 성격이 맞아야 한다는 점입니다.

자신만의 자산관리전문가를 정하는 것은 인생의 파트너를 만나는 것이며, 그 전문가의 성향이 반영된 재무관리가 이루어진다는 것을 의미합니다. 그러므로 본인과 성향이 비슷해서 대화가 잘 통하고 적극적으로 지원해주는 사람을 찾아야 합니다. 이때 진실함과 성실함은 가장 중요한 판단 기준입니다.

또한 고객의 입장에서 이해하고 시간을 투자해 조언해 주는 전문가인지 확인해 보세요. 더 많이 안다고 일방적으로 본인의 주장을 관철시키려 하는 사람은 능력 있는 전문가라고 보기 어렵습니다. 상품 판매에 치중하는 전문가 역시 멀리하는 것이 좋습니다. 여러분이 실적달성의 목표물로 전락할 수 있기 때문입니다. 상품 투자 시 투자자의 입장에서 장점과 단점을 객관적으로 설명해 주는 사람, 상담 경력이 많아서 여러 가지 상황에 유연하게 대처할 수 있고 다양한 해결책을 제시해 주는 사람이면 더욱 좋습니다.

나만의 재무주치의 만드는 법

그럼 이제 나와 함께할 재무주치의를 만드는 방법을 알아볼까요? 적어도 세 군데 이상의 금융회사를 방문하여 여러 전문가와 상담하고 신중히 결정하는 것이 좋습니다. 전문가마다 개인적 역량도 다르고 금융회사마다 운용방식도 다르기 때문입니다.

자기 나름의 선택기준을 바탕으로 재무주치의를 선택한 다음에는 자주 만나되 서서히 거래를 확대합니다. 한 번의 만남으로 모든 것을 결정하고 행동해서는 안 됩니다. 전화, 인터넷보다는 창구를 방문해 직접 만나고, 월 1회 정도 정기적인 만남을 통해 시장 상황과 금융상품에 대한 정보를 얻으세요. 만약 은행 창구가 바빠서 기다려야 하거나 부담이 된다면 은행마다 상담예약시스템이 있으므로 이를 활용하여 상담 예약을 하는 것도 하나의 방법입니다.

이때 서로 관계가 좋다고 꼭 좋은 것은 아닙니다. 친절한 의사를 원하나요? 아니면 잘 고치는 의사를 원하나요? 당연히 잘 고치는 의사가 선택 1순위입니다. 마찬가지로 자산관리에서는 재무목표 달성의 가능성을 높여주고 높은 수익을 올리는 전문가가 필요합니다. 하지만 이에 대한 검증이나 확신이 없다면 일단 상담에 따른 조언을 따르되 적은 금액부터 맡겨보세요. 시간을 두고 관계를 이어가다가 신뢰할 수 있다는 확신이 들었을 때 전적으로 맡겨야 실수를 줄일 수 있습니다.

또한 포트폴리오나 추천상품이 객관적인지 검증해야 합니다. 상당수의 전문가가 추천상품을 자기회사 상품으로만 채우는 경향이 있습니다. 자산관리전문가가 포트폴리오를 구성하여 제안했다면 구체적인 이유와 방법 등에 대해 자세하게 물어보고 충분히 공감할 수 있어야 합니다. '전문가가 만들었으니 잘 되겠지'라는 생각은 금물입니다. 다른 전문가의 제안도 받아보고 서로 비교도 해봐야 합니다.

마지막으로 주고받기give and take입니다. 자산관리전문가도 판매수수료에서 자유로울 수 없는 '회사원'입니다. 전문가가 추천한 상품이 필요하다고 느껴지면 적극적으로 가입하여 실적을 챙겨주고, 신상품 출시에 따른 프로모션이 있다면 지인들을 소개해 주는 등 도움을 주세요. 당신이 도움을 준만큼 더욱 신경을 쓰게 될 것입니다.

재무목표는
구체적으로 세워라

재무목표의 필요성

구체적인 재무목표를 세워야 소비의 유혹에 흔들리지 않고 목돈을 만들 수 있습니다. 목표를 세우고 자산관리를 하는 직장인들의 평균 자산은 2억 3,000만 원으로 자산관리를 하지 않는 직장인보다 자산이 8,000만 원이나 더 많은 것으로 조사되었습니다. 반면 부채는 1,000만 원이 더 적어 재무목표에 따른 자산관리가 얼마나 중요한지 알 수 있습니다.

이때 다른 것은 몰라도 재무목표만큼은 스스로 세울 수 있다고 생각하는 분들이 많을 것 같은데요. 재무목표를 세우는 일은 혼자하기 쉽지 않습니다. 실질적으로 그런 계획을 세워본 경험도 없고, 물가상승률, 기대수익률 등 각종 가정 및 데이터가 필요하며 이를 적용하는 과정에도 어려움이 있습니다. 그러므로 전문가의 도움을 받아 시스템을 활용하는 것이 좋습니다.

재무목표는 인생 시기별로 결혼자금, 주택자금, 은퇴자금 등 다양하며, 목표를 달성하기 위해 저축이나 투자는 어떻게 해야 할지, 세금은 어떻게 줄일지 등을 계획하는 것까지 포함합니다. 자신의 가치관과 재무상태 등을 고려하여 장단기 재무목표를 설정하면 이에 따라서 재무설계의 영역도 투자설계, 부동산설계, 은퇴설계, 세금설계 등으로 다양하게 구성됩니다.

구체적인 계획이 성공을 부른다

재무설계의 시작은 본인의 소득 등 현재의 재무상태와 이용 가능한 자원을 파악하는 것입니다. 현재의 수입과 지출, 부채, 투자 상태 등을 확인하여 종합적으로 재무상태를 분석하고, 이를 바탕으로 재무목표의 우선순위와 금액, 시간 등을 계획합니다. 이때 명확한 수치로 구체화하는 것이 중요합니다. 본인의 소득과 자산은 한정적인데 터무니 없는 재무목표를 세우는 것은 실패의 지름길입니다. 현실 가능한 범위 내에서 몇 가지 재무목표는 포기하거나 축소하는 노력이 필요하겠죠. '구슬이 서 말이라도 꿰어야 보배'라고 했습니다. 아무리 계획을 잘 세워도 실천하지 않으면 무용지물입니다.

그리고 정해진 재무목표 달성을 위해 실행하는 동안 정기적인 점검은 필수입니다. 개인의 상황이나 여건에 따라 다양한 변화가 일어나므로 최소 1년에 한 번 정도는 전체적인 점검 및 수정을 하는 것이 좋습니다.

내 인생의 재무 그래프를 그려라

생애주기에 맞는 각종 재무이벤트에 필요한 자금은 얼마나 되는지 생각해 보셨나요? 개인별로 돈을 벌어들일 수 있는 기간과 금액이 모두 다르므로 스스로 어느 정도 모을 수 있는지 계산해 보시기 바랍니다. 그럼 생애주기에 따른 주요 재무목표를 현실적인 필요자금을 중심으로 그려보겠습니다.

01 결혼자금

2017년 4월 통계청 발표에 따르면 '결혼을 해도 그만, 안 해도 그만'이라는 응답이 51.4%로 집계 이래 처음 절반을 넘어섰습니다. '결혼은 선택'이라는 인식이 확산되면서 여성의 초혼 연령도

30세를 넘어섰고요.

그러나 아직까지 결혼자금은 생애주기에서 빼놓을 수 없는 재무목표 중 하나입니다. 과연 비용이 얼마나 드는지 알아볼까요?

웨딩컨설팅업체 듀오웨드에서 최근 2년 내 결혼한 신혼부부를 대상으로 조사한 '2018 결혼비용 실태보고서'에 의하면 결혼 비용은 평균 2억 3,085만 원입니다. 이중 주택자금이 1억 6,791만 원으로 73%를 차지함에 따라 신혼집 마련 비용이 곧 결혼비용이라는 말이 나올 정도입니다. 예식장 계약부터 신혼여행까지 드는 비용은 6,294만 원으로 전년대비 1,400만 원 감소했습니다.

주택자금은 대부분 전세자금으로 향후 내 집 마련자금으로 충당되므로 큰 문제는 없겠지만 예식장, 예물, 예단 등 소비성 결혼비용은 최대한 줄이는 노력이 필요합니다.

02 자녀 양육비용

자녀 양육비용에 대한 정부의 공식통계는 한국보건사회연구원과 통계청이 발표한 '2012년도 전국 결혼·출산 동향 및 출산력·가족 보건복지 실태 조사'가 유일합니다. 조사 결과에 따르면 자녀 1인당 대학 졸업(22년간)까지의 총 양육비는 3억 896만 원으로 추정되었습니다. 이는 재수, 휴학, 어학연수 등을 제외한 수치이며, 월평균 119만 원입니다.

2012년에 발표한 결과이니 지금은 더 차이가 나겠죠? NH투자증권의 100세시대연구소는 이 결과를 토대로 2017년 자녀 1인당 양육비용을 3억 9,670만 원으로 추산했습니다.

03 내 집 마련 비용

사실 부동산은 입지와 규모에 따라 차이가 큽니다. 대략적인 기준을 잡기에 가장 어려운 항목이기도 하죠. 많은 사람들이 서울에 살기를 원하고 아파트를 선호하니, '서울 아파트'를 살펴볼까요?

한국감정원의 부동산통계정보를 보면 2018년 6월 기준 서울지역 아파트 중위가격이 6억 6,403만 원입니다. 정부의 각종 부동산 정책에도 불구하고 계속하여 상승하고 있습니다. 39세 이하 가구주의 월평균 처분가능소득 361만 원을 계산하면 15년 4개월 동안 한 푼도 안 쓰고 모아야 살 수 있는 금액입니다. 그리고 주택구입시 대부분 부족 자금을 충당하기 위해 주택담보대출을 받습니다. 하지만 최근 들어 주택에 대한 정부의 규제가 대폭 강화되면서 대출한도도 축소되고 대출금리도 상승하고 있습니다.

04 노후자금

지금까지 알아본 재무목표들은 본인이 건강하게 활동하고 있을 때 필요한 목적자금입니다. 하지만 노후자금은 나이가 들어 퇴직하고 활동에 제한을 받을 때 필요한 자금으로써 최근 가장 중요하게 여겨지는 재무목표입니다.

2018년 5월 하나금융경영연구소 설문조사결과에 따르면 월평균 노후생활자금은 283만 원, 최소 생활비는 190만 원이며, 국민연금행복노후설계센터에서 분석한 결과에 의하면 국민들이 생각하는 노후자금은 월평균 217만 원입니다. 국민연금으로 해결하기에는 턱없는 금액이죠. 노후자금은 나이가 들어서 준비하는 것이 아닙니다. 사회초년생인 지금부터 노후를 위한 작은 준비가 필요합니다.

주요 재무목표별 소요비용

재무목표	소요비용		조사업체
결혼비용	총 비용	23,085	2018년 듀오웨드
	(신혼집)	(16,791)	
	(주택 외)	(6,294)	
양육비용	1인 대학졸업까지	39,670	2017년 NH투자증권 100세시대연구소
내집마련 (아파트)	서울 평균매매가격	70,238	2018년 8월 한국감정원
	경기도 평균매매가격	32,773	
	지방 평균매매가격	2~30,000	
	(서울아파트 평균 전세가)	(41,970)	(부동산정보앱 직방)
노후자금	월평균 노후자금	283	2018년 5월 하나금융경영연구소
	월평균 최저생활비	190	

단위: 만 원

이제는
중위험·중수익 시대!

잃지 않는 투자가 이기는 투자다

재테크를 한다는 것은 위험을 감수한다는 말과 같습니다. 예금 자보호가 되는 정기예금도 물가상승이나 금리인상 등으로 상대적 손해를 볼 수 있는 위험에 노출되어 있습니다. 투자에는 반드시 위험이 따르며, 기대수익의 크기에 비례하여 위험도 커지는 것이 일반적입니다.

투자에 있어서 가장 중요한 단어는 리스크입니다. 리스크의 중요성을 알려주는 것이 '-50 = +100'의 법칙입니다. 적립식펀드에 100만 원을 투자하여 손실이 50% 났다고 가정해 봅시다. 일반적으로 생각할 때는 50% 하락했으니 50%가 상승하면 본전이 된다고 생각합니다. 하지만 실질적으로는 100%가 상승해야 본전이 되는 것입니다. 내릴 때는 50% 하락이었지만 향후 올라야 할 50만 원은 100% 상승이 있어야하기 때문입니다. 20%가 하락하면 25%가 상승해야 하고 33% 하락하면 50%가 올라야 원금이 됩니다. 하락률이 높아질수록 원금회복을 위한 상승률은 기하급수적으로 커집니다. 그래서 처음부터 손실이 발생하지 않도록 하는 것이 중요합니다. 투자의 대가인 워런 버핏은 투자 성공의 절대 원칙을 다음과 같이 제시했죠.

'첫째는 절대로 돈을 잃지 마라, 둘째는 첫 번째 원칙을 지켜라!'

금융회사는 안정적이지만 수익이 적은 저축상품보다는 위험하더라도 수익을 더 낼 수 있는 금융투자상품 판매에 주력합니다. 일단 판매를 하고 나면 투자결과에 대한 책임은 지지 않으니 어찌 보면 당연한 일이죠. 투자에 따른 위험부담은 전적으로 투자자의 몫이며, 금융회사는 판매 및 관리에 따른 수수료를 챙길 뿐입니다.

손실이 나면 어떻게 하느냐는 투자자의 질문에 리스크와 수익률은 대략 비례관계에 있기 때문에 예금보다 높은 수익을 올리려면 위험을 감수해야만 한다고 답하는 사람이 많습니다. 'No Risk No Gain, High Risk High Return'라는 말은 투자의 불문율로 여겨지죠. 맞는 말입니다. 하지만 위험을 부담하면 반드시 수익을 올릴 수 있을까요?

이렇게 생각해봅시다. 안정적인 투자를 하면 손해 보지 않고 이익을 얻습니다. 너무 적다는 게 문제이기는 하죠. 반면 공격적인 투자는 반드시 높은 수익과 함께 높은 위험을 끌어안아야만 합니다. 현명한 투자자는 무턱대고 위험을 감수하지 않습니다. 그들은 이익을 얻는 것보다 잃지 않는데 관심을 기울이며, 자신이 감당할 수 있는 범위 내에서 투자한다는 사실도 기억해야 합니다.

자산을 늘리는 것은 '자산 지키기'에서부터 출발합니다. 만약 자본이득을 얻고자 할 때에는 원금을 크게 불리는 것보다 원금을 활용하여 현금수입을 추구하는 쪽이 안전합니다. 이자수입이나 임대수입 등 현금을 지속적으로 창출하는 것은 자산증대에 있어 안정성을 강화해 주는 역할을 합니다. 투자자산의 가격 변동으로부터 완전히 자유로워질 수는 없지만 가격이 하락하더라도 스스로 헤쳐 나갈 여지가 있기 때문입니다.

마음 편한 투자가 이기는 투자다

여러분은 돈도 없고 경험도 적습니다. 주 업무가 있으니 직접 주식을 사고팔 시간도 없고요. 그래서 전문가인 펀드매니저에게 수수료를 주고 맡깁니다. 이것이 간접투자이고, 대표적인 상품이 적립식펀드입니다.

적립식펀드는 적은 금액으로 시작할 수 있고, 투자 시점을 고민하지 않아도 되기 때문에 접근이 쉽습니다. 투자종목 및 시점의 분산을 통해 위험을 줄일 수 있으며, 매달 꾸준히 장기 투자함으로써 평균 매입 단가를 낮추는 효과를 얻을 수도 있습니다. 상대적으로 안정적인 이익을 얻는 투자 방법이므로 이제 막 재테크를 시작하는 사회초년생에게 추천하곤 합니다.

인덱스펀드

일명 주가지수펀드. 주가지수 산정에 큰 영향을 미치는 우량주식의 평균가격으로 투자지수를 개발하고 분산 투자하는 펀드다. 금융시장이 오르면 수익이 나고 떨어지면 손실이 난다는 평범한 진리에 근거하여 펀드 선택의 오류를 줄이고, 투자수익을 주식시장의 평균 수익률에 접근시키고자 만들었다. 기대 이상의 큰 수익을 가져다주지는 않지만, 일반 주식형펀드의 절반 정도 수수료를 부담하며, 장기투자할수록 수익률이 높아진다는 장점이 있다.

잃지 않는 투자만큼 중요한 것이 편안한 투자입니다. 변동성이 큰 펀드는 특정 시점에 잘 맞춰 투자하면 대박을 터트릴 수도 있겠지만 그만큼 손실에 대한 위험도 상대적으로 커질 수밖에 없습니다. 특정 분야의 테마 펀드에 투자하기보다는 전체 시장의 흐름과 같이 움직이는 인덱스펀드가 수수료도 저렴하고 훨씬 편안하고 무난한 펀드입니다. 또한 중·소형주 보다는 대형주, 성장주보다는 가치주나 배당주, 이머징 보다는 선진국펀드가 투자를 시작하는 사회초년생뿐만 아니라 투자전문가에게도 편안하게 투자할 수 상품입니다.

투자는 공격보다 수비가 중요하다

여러분들은 축구를 직접 해봤거나 관람한 경험이 있을 것입니다. 토너먼트 경기에서는 무조건 이겨야 다음 경기에 나갈 수 있습니다. 하지만 리그전은 여러 팀과 경기를 하고 결과를 합산하여 상위 팀이 다음 경기에 나갑니다. 이때 반드시 모든 경기에서 이길 필요는 없습니다. 리그전에서는 절대적인 강자도 약자도 없으며 다양한 변수들이 도사리고 있습니다. 그러므로 축구 실력만큼이나 이길 경기는 확실히 이기고 나머지 경기에는 힘을 빼는 전술도 중요합니다.

또한 축구는 골키퍼를 포함한 수비수의 역할이 중요합니다. 득점은 공격수의 몫이지만, 수비가 뒷받침되지 않고는 공격을 이끌어 갈 수 없습니다. 공격이 허술하더라도 수비가 튼튼하면 최소한 지지는 않는 것이 축구입니다.

재테크도 축구와 비슷합니다. 원금을 철저히 지키면서 안정적인 운용을 통해 조금씩 목돈을 늘려가는 노력이 필요합니다. 사회 초년생은 수비로 기본기를 다진 다음 공격수로 전환해도 늦지 않습니다.

이제는 중위험·중수익 시대

세상이 바뀌었습니다. 높은 수익, 이른바 '대박'을 꿈꾸는 시대는 갔습니다. 투자에 따른 위험이 증가하면서 투자자들의 기대 수익률도 대폭 낮아졌으며, 자본수익보다는 인컴(이자, 배당)수익에 대한 수요가 증가하고 있습니다.

이러한 시장의 요구에 따라 중위험·중수익 상품을 중심으로 한 투자패턴의 변화가 눈에 띕니다. 중위험·중수익 상품의 특징은 주식, 채권 등에 분산투자하면서 채권과 주식 중간 수준의 위험으로 정기예금 금리 2~3배 수준의 안정적이고 꾸준한 수익을 추구하는 것을 목표로 합니다. 대표적으로는 가장 일반적인 혼합형펀드부터 인컴펀드, 시장중립형 롱숏펀드, 해외채권형펀드 등이 있습니다. 투자성향상 안정추구형이나 위험 중립형 투자자가 분산투자 차원에서 투자해도 크게 부담이 되지 않기 때문에 거부감도 적은 편입니다. 금융회사들도 트렌드를 반영해 중위험·중수익 상품에 대한 적극적인 마케팅을 추진하며 투자자를 늘려가고 있습니다.

인컴펀드

투자자산의 운용에 있어서 주식 등의 가격상승에 따른 차익보다는 이자, 배당 등 정기적인 수익을 주축으로 운용되는 펀드를 말한다. 채권이나 부동산투자신탁, 고배당주, 우선주 등에 골고루 투자해서 채권과 유사하게 일정 기간마다 수익(income)을 챙길 수 있는 중위험·중수익 상품이다. 2012년 하반기부터 투자자들의 눈길을 끌기 시작했으며, 특히 해외채권형 펀드와 다양한 자산에 분산투자하는 '멀티에셋인컴펀드'로 관심이 쏠리고 있다.

롱숏펀드

향후 주가가 상승할 것으로 예상되는 주식을 매수하면서 동시에 주가가 하락할 것으로 예상되는 주식을 매도함으로써 차익을 남기는 전략을 구사하는 펀드를 말한다. 롱숏펀드는 일반적으로 주가의 움직임이 비슷한 종목을 이용하며, 전략을 얼마나 잘 쓰느냐에 따라 성과가 다르지만 시장변화에 상관없이 안정적인 수익을 내는 데 주력한다. 중위험·중수익을 추구하는 방식이라 주식과 채권을 혼합한 형태로 구성되어 운용된다.

꾸준히 안정적인 수익률을 올리기 위해서는 특정 대박 상품에 좌지우지되는 것이 아니라 포트폴리오를 통한 분산투자를 해야 합니다. 포트폴리오란 서류 가방에 자료를 분류하여 넣는 것처럼 투자자산을 다양한 투자 대상에 분산하여 운용하는 일입니다. 포트폴리오 구성은 투자자의 성향이나 연령, 자산 규모나 투자 목적 등에 따라 달라집니다. 이때 중요한 것은 투자하는 상품의 성격과 수익률의 흐름, 투자 시점 등이 서로 달라야 한다는 점입니다. 분산투자를 했다고 해서 모두 포트폴리오라고 할 수는 없습니다. 여러 상품에 나눠 투자했지만 수익률의 흐름이 모두 같다면 분산투자의 효과를 기대할 수 없기 때문입니다.

구체적인 분산투자 방법에는 예금, 주식, 부동산 등 자산의 분산, 투자시점의 분산, 다양한 스타일의 분산(주식형펀드의 경우 성장주와 가치주, 대형주와 중·소형주 등), 지역분산, 통화의 분산이 있습니다. 자금의 규모나 투자성향, 목표 등을 고려하여 적합한 방법을 선택하면 됩니다.

사회초년생에게 권하는 포트폴리오는 안정적이면서도 성공확률을 높여 동기부여를 이끌 수 있도록 구성하는 편입니다. 적립식 펀드처럼 안정성과 수익성을 동시에 노릴 수 있는 금융상품과 큰 수익을 기대할 수 있는 상품을 적절하게 배분하는 것이 좋습니다.

여전히 많은 사람들이 포트폴리오는 돈 많은 투자자에게나 필요하다고 생각하는데요. 단돈 100만 원이라도 본인에게 맞게 나눠 투자하면 그것이 바로 포트폴리오입니다. 지금처럼 불안정한 시장 상황에서 안전하게 자산관리를 하려면 적은 돈부터 구체적인 포트폴리오를 세워야 합니다.

포트폴리오를 구성할 때는 항상 경제적인 변수를 고려해야 하며, 투자환경의 변화로 인해 포트폴리오를 바꿔야 할 상황이라면 언제든지 재조정해야 합니다. 예를 들면 불경기에는 손실을 최소화할 수 있도록 방어적인 투자를 하다가 경기가 호전되면 투자목표를 좀 더 높고 적극적으로 조정하는 것이 좋습니다.

나만의 재무설계도 만들기

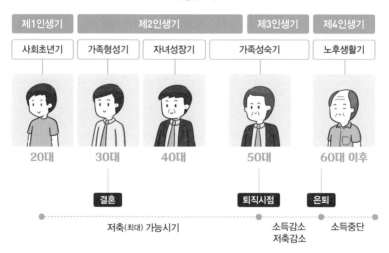

나이에 따른 경제 곡선

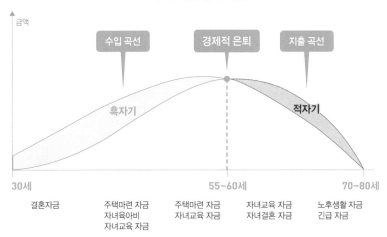

금액

수입 곡선 경제적 은퇴 지출 곡선

흑자기 적자기

30세		55~60세		70~80세
결혼자금	주택마련 자금 자녀육아비 자녀교육 자금	주택마련 자금 자녀교육 자금	자녀교육 자금 자녀결혼 자금	노후생활 자금 긴급 자금

연령별 재무목표 준비 기간

	25	30	35	40	45	50	55	60	65 (연령)
종잣돈마련									
결혼자금									
자녀육아비용									
자녀교육비용									
주택마련자금									
자녀결혼자금									
노후준비자금									
비상예비자금									

예시 재무목표 달성을 위한 실행방안

재무목표	재무설계 주요내용	구체적 실행방안
종잣돈마련	주거래 은행 정하기 부채관리 중요성 강조 가계부 작성 저축계획 세우기	• 주거래 은행 급여통장 개설 • 매월 가계부 점검 • 개인종합자산관리계좌(ISA) 　– 5년 만기,목표금액 5,000만 원 　– 월 70만 원 자동이체. 추후 여유자금 추가납부
결혼자금	종잣돈 마련 저축계획 세우기 결혼계획 수립	• 종잣돈을 바탕으로 목돈 굴리기 • 2차 종잣돈 프로젝트 실행
자녀육아비용 자녀교육비마련 자녀결혼자금	맞벌이에 대한 의사결정 합리적 소비지출 가계 예산 공동관리	• 영유아 정부 지원자금 활용 • 자녀 대학등록금용 비과세장기 저축상품 가입 　(35세 시점. 10년 납 월 30만 원) • 대학등록금 일부는 국가장학금 활용 • 자녀 장래 대비용 월 50만 원 투자
주택마련자금	청약통장 조기 가입 내 집 마련 청약 주택자금대출	• 25세 주택청약통장 가입(매월 10만 원 자동이체) 하여 　청약 당첨 시점까지 계속 납부 • 35세 결혼 시점부터 10년간 월 50만 원 저축 • 45세 시점 내 집 마련 (부부 공동명의) 　– 총 저축원금 9,000만 원 + α 　– 생애 최초 주택자금대출 활용 (20년 만기 원리금 상환)
노후준비자금	노후연금상품 가입 세제적격 연금상품	• 연금상품(연금저축. 개인형 IRP) 가입 • 30세 시점 최소 금액으로 가입하여 월 10만 원 자동이체 • 결혼 시점부터 월 20만 원 　소득증가에 따른 여유자금으로 납부금액 증액 • 65세 시점 　– 국민연금 　– 적립원금 1억 원 연금으로 수령 개시 　– 주택연금 활용
비상예비자금	안정성, 유동성 확보 의료, 건강보험 점검 취미 찾기	• 보너스 등 비정기적 자금을 활용하여 CMA, MMF 　등에 500만 원 정도 예치

작성해 봅시다
_____ 님의 인생 재무계획표

01 재무목표 기본 계획

	2018	2019	2020	2021	2022	2023	—	2028	—	2033	—	2038	—	—
경과년수	현재	1	2	3	4	5		10		15		20		
가족 나이														
재무 이벤트 (부부)														
재무 이벤트 (아이)														

02 재무목표 세부 운용 계획

재무 목표	우선 순위	필요 시기	현재 마련자금	추가 필요자금	구체적 실행방안 (금융상품 등)
	1				
	2				
	3				
	4				

03 기타 정보

퇴직 예상나이	
은퇴 예상나이	
노후 희망 월생활비	

월급이 적어도 돈은 모으고 싶어

06

신용 관리가
재산이다

금융거래의 신분증, 신용등급

내 신용은 누가 정하는 걸까?

현대사회는 신용이 곧 돈인 세상입니다. 그래서 요즘 신용관리가 중요하다는 뉴스를 자주 볼 수 있습니다. 특히 대출을 끌어안고 사회에 진출하는 사회초년생들에게 무엇보다도 중요하다는 신용관리, 자세히 살펴볼까요?

신용이란 현재 본인의 가치에 미래의 예상가치를 추가하여 소비할 수 있는 능력입니다. 더 쉽게 말하면 타인으로부터 빌려 쓸 수 있는 돈의 규모라고 할 수 있습니다. 그리고 신용거래란 이러한 신용을 바탕으로 상호 간에 발생하는 거래를 의미합니다.

한영수 28세

20대 후반의 사회초년생 한영수 씨는 얼마 전 한 신용조회회사에서 자신의 신용등급을 조회한 후 깜짝 놀랐습니다. 그동안 대출한번 받아본 적 없고 신용카드 대금을 연체한 적도 없는데 중하위권인 6등급이 나왔기 때문입니다. 대출과 연체만 조심하면 된다는 얘기를 들어왔기에 이런 결과가 황당하기만 합니다. 이 등급으로는 은행에서 대출받기도 어렵다는 얘기에 "도대체 신용등급이 어떻게 정해지는지 모르겠다"고 하소연했습니다.

높은 신용을 유지하면 낮은 금리로 더 많은 금액의 대출을 받을 수 있습니다. 또한 언제 어디서든 필요한 신용거래 한도를 부여받을 수 있습니다. 그렇다면 우리의 신용은 누가 정하는 걸까요?

금융당국의 허가를 받아 개인의 신용정보를 평가하고 조회하는 개인신용조회회사를 CB_{Credit Bureau}라고 합니다. CB는 은행, 카드사, 보험사, 캐피탈, 저축은행 등의 금융기관과 백화점, 통신사, 전기, 가스회사 등 비금융기관, 그리고 국세, 지방세, 관세 등 공공기관이 제공하는 신용거래 내역 및 관련 신용정보를 수집한 후 이를 평가하여 신용정보이용자에게 제공합니다. NICE평가정보, 코리아크레딧뷰로KCB, SCI평가정보가 국내 CB에 해당합니다. 신용평가회사마다 평가요소 반영 방식이나 비율이 다르기 때문에 같은 조건이라 하더라도 모든 신용조회회사에서 동일한 신용등급을 받는 것은 아니라는 점, 기억하세요.

신용등급이 뭐예요?

신용등급이란 신용조회회사에서 금융거래 등 고객 정보를 토대로 1~10등급까지 수치화한 지표입니다. 고객의 신용정보를 수집·분석하고 앞으로 1년 이내에 90일 이상 장기연체할 가능성을 수치화하여 1~1,000점을 산정합니다. 신용평점이 높고 점수가 높을수록 신용상태가 우수하며, 연체위험성이 낮은 것으로 평가되죠. 이렇게 책정된 신용등급은 금융회사에서 대출한도와 대출금리를 결정하거나 신용카드 발급여부, 할부 이자율 결정 등의 판단기준으로 활용됩니다.

이때 각 금융회사는 금융기관 내부 신용평점시스템Credit Scoring System, CSS를 활용합니다. 신용평점시스템은 각 금융회사가 거래고객을 대상으로 신용조회회사가 제공한 신용평점, 신용정보, 자체 보유하고 있는 거래정보 등을 반영하여 신용위험을 예측하는 개인

신용평가 모형입니다.

일반적으로 5등급 이하 금융소비자는 은행에서 대출을 받기 어렵습니다. 우리가 흔히 말하는 '저신용자'는 신용등급 7~10등급을 받은 사람을 지칭하며, 숫자가 커질수록 등급이 낮고 위험도가 높은 사람입니다. 같은 금액의 돈을 빌리더라도 신용등급이 높을수록 낮은 이자율로 많은 대출을 받을 수 있습니다.

현행 개인 신용평가가 등급 중심으로 운영되어 리스크 평가가 세분화되지 않고 등급 간 절벽효과가 발생한다는 지적이 있어, 앞으로는 등급제에서 점수제로 변경될 예정입니다.

신용등급은 어떻게 정해질까?

그러면 이제 신용등급이 어떤 기준으로 결정되는지 알아보겠습니다. 평가회사마다 제휴회사도 다르고 보유하고 있는 정보의 내용과 양, 반영비중도 차이가 있기 때문에 평가비중은 조금씩 다르지만 크게 4가지 요소를 반영합니다.

첫째는 상환이력 정보입니다. 대출금이나 신용카드 대금 등의 채무를 연체하지 않고 잘 상환하고 있는지 현재와 과거의 연체정보까지 반영합니다. 아무리 다른 조건이 좋아도 연체정보가 있으면 등급이 낮아집니다. 가장 큰 영향을 미치는 요소라고 생각해도 무방합니다.

둘째는 현재의 부채수준입니다. 현재 본인의 대출과 보증 등의 채무가 얼마나 있는지를 반영합니다. 당연히 채무가 적을수록 신용등급에 좋은 영향을 미칩니다.

셋째는 신용거래 기간입니다. 연체 없이 오랫동안 신용거래를 해온 사람은 앞으로도 연체할 가능성이 낮다고 판단합니다. 하지만 사회초년생과 같이 금융거래가 많지 않은 사람은 파악할 정보가 부족하므로 우량등급이 나오기 힘든 구조입니다.

넷째는 신용형태 정보입니다. 어떤 금융회사와 어떤 종류의 신용거래를 하고 있는지를 파악하는 요소인데요. 예를 들어 1,000만 원을 대출받았다고 가정할 때, 은행에서 빌렸는지, 제2금융권인 저축은행에서 빌렸는지, 아니면 대부업체에서 빌렸는지에 따라 등급이 크게 달라집니다.

떨어지기는 쉬워도
올리기는 힘든 신용

신용을 관리하라

살다 보면 결혼준비와 내 집 마련 등 목돈이 필요한 순간이 반드시 찾아옵니다. 그때마다 신용등급에 발목을 잡히지 않으려면 평소에 철저한 신용관리가 필요합니다. 신용등급은 무조건 예금만 많이 한다고 높아지지 않습니다. 시간을 두고 마냥 기다린다고 높아지는 것도 아닙니다. 그러면 사회초년생들의 신용관리는 어떻게 하는 것이 좋을까요?

이경구 33세

30대 초반의 이경구 씨는 결혼준비를 하면서 부족한 자금을 마련하기 위해 거래은행을 방문했다가 대출을 거절당했습니다. 평소 사용하는 신용카드의 결제일자를 제대로 확인하지 않아 연체하는 일이 종종 있었고, 용돈이 부족할 때마다 사용했던 신용카드 현금서비스가 신용등급을 7등급으로 떨어뜨렸기 때문입니다. 이제야 신용등급의 중요성을 인식했지만, 당장 결혼을 앞두고 막막하기만 합니다.

01 정기적으로 확인하라

먼저 본인의 신용등급을 정기적으로 확인해야 합니다. 개인 신용등급은 NICE평가정보에서 운영하는 나이스지키미(www.credit.co.kr), 코리아크레딧뷰로에서 운영하는 올크레딧(www.allcredit.co.kr)에 접속하여 확인할 수 있으며, 4개월에 한 번씩, 1년에 3회까지 무료로 조회할 수 있습니다.

신용등급을 여러 번 조회하더라도 신용등급에는 영향을 미치지 않습니다. 과거에는 신용조회 사실이 신용등급에 영향을 준적도 있었지만 2011년 10월부터는 신용평가에 반영되지 않도록 개선되었습니다. 그러므로 정기적으로 신용등급을 확인하고 등급을 높이기 위한 적극적인 노력이 필요합니다.

만약 자신의 신용등급이 제대로 책정되지 않았다고 생각된다면 이의제기를 할 수도 있습니다. 먼저 NICE평가정보와 코리아크레딧뷰로의 고객센터에 연락하여 신용등급 산출 근거 등을 확인하고, 만약 납득할 만한 설명을 듣지 못했다면 금융감독원 민원센터(국번 없이 1332)로 이의제기를 하면 됩니다.

02 주거래 금융회사를 정하고 꾸준히 이용하라

은행에서 대출을 신청할 때 신용조회회사의 신용등급만 사용하지 않습니다. 자사의 정보를 함께 반영하여 거래실적이 우수한 사람에게 더 높은 등급을 매깁니다. 그러므로 대출한도를 높이고 대출금리를 내리는 방법은 주거래 금융회사와의 금융거래 실적을 쌓는 것입니다.

03 연체는 금물!

연체는 돈을 갚을 능력이 그만큼 떨어졌다는 것을 뜻합니다. 연체정보는 신용등급 평가에 가장 큰 영향을 미치는 요인이기 때문에 연체가 지속되면 신용등급은 뚝뚝 떨어집니다. 또한 국세, 지방세, 휴대폰 요금 등 비금융 거래정보와 관련된 것도 평가에 반영되므로 체납하지 않도록 하세요. 부주의로 인한 연체를 피하기 위해 정기적으로 납부하는 카드 대금, 통신 요금 등은 가급적 자동이체를 하는 것이 좋습니다.

04 대출은 신중하게, 신용카드 사용은 최소한으로!

마지막으로 적절한 자기관리가 필요합니다. 대출이나 신용카드 할부는 자신이 갚아야 할 '빚'입니다. 상환능력에 비해 과도한 빚은 개인의 삶을 피폐하게 만들며, 연체 가능성이 높은 것으로 평가되어 신용등급에도 부정적인 영향을 주게 됩니다. 따라서 대출을 받을 때는 상환능력을 고려하여 신중하게 결정해야하며, 신용카드보다는 체크카드 사용을 권합니다.

신용등급은 어떻게 올릴까?

지금부터는 신용등급을 올리기 위한 구체적인 방법을 알아보겠습니다. 이를 위해서는 개인 신용평가의 반영요소를 정확히 알고 이를 바탕으로 신용등급 관리에 적극적으로 활용하는 지혜가 필요합니다.

간혹 '부자는 신용등급이 높을 것'이라고 착각하는 사람이 있는데요. 그렇지 않습니다. 신용등급은 금융거래를 통해 상환능력이 있는지 그리고 잘 상환하고 있는지 신용도를 판단하는 척도입니다. 그러므로 관리만 잘 하면, 돈이 많든 적든 관계없이 높은 신용등급을 가질 수 있습니다.

통장에 잔액이 많더라도 대출이나 카드 사용 등 금융거래가 거의 없다면 신용을 판단할 근거가 부족하기 때문에 통상 중간 등급밖에 나오지 않습니다. 신용거래 내역을 최대한 많이 축적하는 일이 중요합니다.

신용등급의 긍정적인 반영요소

01 대출금 상환 이력

대출금을 연체하지 않고 성실하게 상환한 정보는 금융소비자가 부채를 상환할 능력과 의지가 있는 것으로 평가하여 신용평가 시 긍정적 정보로 반영됩니다. 또한 학자금대출도 연체 없이 1년 이상 성실하게 상환하는 경우 가점을 받을 수 있습니다.

02 신용카드 사용금액 및 기간

적정한 금액을 신용카드나 체크카드로 결제하고 연체 없이 상환하면 긍정적 요소로 반영됩니다. 또한 신용카드를 연체 없이 사용한 기간이 길수록 신용평점이 올라갈 수 있습니다. 하지만 올바른 소비습관을 길러야 하는 사회초년생에게는 되도록 체크카드 사용을 권장합니다. 체크카드를 월 30만 원 이상 6개월 동안 사용하거나, 6~12개월 동안 지속적으로 사용하는 경우 가점을 받을 수 있습니다.

03 연체상환 및 연체상환 후 경과 기간

연체된 대출금을 상환하면 신용평점이 올라갑니다. 그렇다고 연체금을 상환하는 즉시 연체 이전의 등급으로 회복되는 것은 아닙니다. 추가적인 연체 없이 성실하게 금융생활을 하면 시간이 지남에 따라 등급이 회복됩니다. 만일 연체가 여러 건 있는 경우에는 연체금액이 '큰' 대출보다 연체가 '오래된' 대출을 먼저 상환하는 것이 신용등급 회복의 지름길입니다.

04 통신·공공요금 성실납부 실적

금융거래 실적이 많지 않은 대학생이나 사회초년생에게는 신용가점제도가 유용합니다. 전기, 수도, 도시가스와 같은 공공요금, 통신 요금, 국민연금, 건강보험료 등을 6개월 이상 성실하게 납부했다는 자료를 신용조회회사에 제출하면 신용평가 시 가점을 받을 수 있습니다. 그리고 성실납부 기간(6~24개월)이 길수록 가점 폭이 확대되거나 가점을 받는 기간이 늘어나므로 꾸준히 납부실적을 제출할 필요가 있습니다.

신용등급의 부정적인 반영요소

01 대출금 연체

신용등급에 가장 치명적인 영향을 미치는 것은 대출금 연체입니다. 10만 원 이상의 금액을 5일 이상 연체하게 되면 신용조회회사에 연체정보가 수집되며, 연체기간이 길수록 장기간(상환 이후 최장 5년간) 신용평가에 반영되는 만큼 좋은 신용등급을 받기 위해서는 소액이라도 연체는 절대 피해야 합니다.

02 신규대출 및 대출 건수 증가

대출을 받으면 소비자가 부담해야 할 비용이 커지고 이에 따른 상환위험이 증가하기 때문에 신용등급이 하락할 수 있습니다. 또한 대출금액 및 대출 건수가 많을수록 부정적인 영향을 미치므로 연속적인 대출은 지양하는 것이 좋습니다.

03 제2금융권 대출

전화 한 통으로 즉시 대출이 된다는 유혹에 대부업체나 저축은행의 고금리 대출을 활용하는 사람들이 있습니다. 신용조회회사는 통계적 분석을 통해 산출된 금융권별 연체율을 신용평가에 반영하고 있습니다. 따라서 상대적으로 금리가 높은 대부업체나 제2금융권에서 대출을 받으면 상환할 이자 부담이 증가하여 연체확률이

현금서비스

신용카드 사용자가 자동화기기, 전화, 인터넷 등을 이용하여 현금서비스를 받을 수 있는 단기대출서비스. 회원 등급별로 정해진 수수료율을 적용하므로 사람마다 다른 수수료를 지불한다. 급하게 현금이 필요할 때 한도 내에서 자유롭게 사용할 수 있다는 장점이 있지만 수수료율이 비싸고 과도하게 사용하면 개인의 신용등급에 부정적인 영향을 미치므로 되도록 사용하지 않는 것이 좋다.

높아진다고 보기 때문에 은행 대출에 비해 신용평점이 더 많이 하락하게 됩니다. 신용등급 4등급인 사람이 대부업체 대출을 이용하면 평균 1.7등급, 저축은행을 이용하면 평균 1.5등급이 떨어지는 것으로 나타났습니다. 특히 대부업체에서 대출을 받으면 향후 은행 대출을 받지 못할 가능성이 높습니다.

04 과도한 현금서비스 이용

현금이 부족할 때 가장 쉽게 사용하는 것 중의 하나가 현금서비스(단기카드대출)와 카드론(장기카드대출)입니다. 하지만 현금서비스나 카드론을 일정 기간 일정 금액 이상 이용하면 부채의 증가 및 고금리 대출로 인한 이자가 늘어나 신용평점이 하락할 수 있습니다. 급하게 돈이 필요할 때는 현금서비스를 이용하기보다는 은행에서 자신의 예·적금이나 보험을 담보로 대출을 받는 것이 이자 부담도 낮추고 신용등급에도 유리하게 작용합니다.

신용카드와
이별하라

신용카드 vs. 체크카드, 당신의 선택은?

    신용관리에서 신용카드 사용은 떼려야 뗄 수 없는 중요한 항목입니다. 한쪽에서는 다양한 혜택을 내세우며 신용카드 사용을 권장하고, 다른 한쪽에서는 합리적인 소비 습관을 위해 체크카드를 사용해야 한다고 합니다. 각자의 입장을 들어 보면 양쪽 모두 맞는 말 같습니다. 과연 어떤 카드가 신용관리와 저축습관에 도움이 될까요?

조윤하 31세

"잘 쓴 신용카드 열 체크카드 안 부럽다"

평소 신용카드를 애용하는 직장인 조윤하 씨는 지난달에 교통비
할인 1만 원, 커피 할인 1만 5,000원 등 자신의 소비패턴에 맞는
신용카드를 사용하여 총 3만 5,000원을 아꼈습니다. 월평균 3만
원씩 할인된다고 가정하면 연회비를 제외하고 34만 5,000원을 버
는 셈이죠. 정기적인 지출이 30만 원 이상이라 전월 이용실적에
대한 부담도 없습니다. 할인 혜택만큼 합리적인 소비를 한다는
생각에 뿌듯하기도 하고 경제적으로 도움도 됩니다.

김민성 27세

"신용카드로 30만 원을 써서 1만 원을 아낄 수 있지만, 30만 원을
안 쓰면 결국 30만 원만큼 버는 거죠"

김민성 씨는 무조건 체크카드를 사용합니다. 통장 잔고 범위 내에
서만 돈을 쓰니 과소비를 할 생각조차 하지 못합니다. 할부는 물론
현금서비스를 받을 일도 없죠. 안 쓴 만큼 저축할 수 있는 여유자
금도 늘었다며 사회초년생에게 체크카드 사용을 의무화해야 한다
고 목소리를 높였습니다.

신용카드의 혜택과 부작용

신용카드는 편리하고 분실에 따른 위험을 줄일 수 있으며 거래기록을 통해 개인의 소비패턴을 한눈에 파악할 수 있다는 장점이 있습니다. 자동차와 같이 목돈이 들어가는 상품을 구매할 때에도 할부뿐만 아니라

리볼빙

회원이 카드이용대금 중 카드사와 회원이 미리 약정한 최소결제비율 이상을 결제하면 다음 달 결제일에 잔여결제금액과 리볼빙 이자를 합산하여 납부하는 결제방식이다. 쉽게 말해서 결제할 자금이 부족한 경우에 최소 금액만 결제하고, 나머지 금액은 대출이자와 함께 다음 달 결제일에 결제하는 방식이다.

연계된 부가서비스나 대출을 받을 수 있어 유용합니다. 또한 신용카드의 각종 할인 혜택을 활용하면 가계에 보탬이 됩니다. 커피를 마시거나 영화를 볼 때, 버스를 타거나 주유소에서 기름을 넣을 때도 신용카드로 할인 또는 적립 혜택을 받죠. 다양한 라이프 스타일에 맞춘 카드가 쏟아져 나오니, 신용카드 혜택을 받지 않으면 상대적으로 손해일 수밖에 없습니다. 하지만 이에 따른 부작용도 만만치 않습니다.

신용카드의 가장 큰 문제는 충동구매로 이어지는 과소비의 주범이라는 것입니다. 신용카드는 자유로운 소비를 가능하게 합니다. 할부가 가능하니 고가의 상품도 '한 달에 이 만큼만 내면 되네?'라는 착각을 불러일으킵니다. 또한 구매 즉시 지불하는 것이 아니라 한 달 후에 갚고, 만약 갚을 수 없다면 리볼빙 제도(일부 결제 금액 이월 약정)를 이용해 다음 달로 상환기일을 넘겨줍니다. 그래도 상환이 어려우면 대출로 전환하여 길게 나눠 갚도록 하는 등 다양

카드론

카드 회원 본인의 신용도와 카드이용실적에 따라 카드사에서 직접 대출해주는 상품이다. 카드론 이용에 동의한 회원에 대하여 가처분소득, 카드론 이용기간, 신용상태 등을 고려하여 대출금액을 부여한다. 쉽게 대출을 받을 수 있어서 편리하지만, 고금리의 이자를 부담해야 하기 때문에 가능한 받지 않는 것이 좋다.

한 서비스를 제공합니다. 신용카드의 친절함에 속지 마세요. 물건을 샀는데 잔고는 줄지 않는 달콤한 유혹에 빠져 있다 보면 자기도 모르는 사이 빚이 쌓일 수 있습니다.

본인의 지불능력을 넘어선 카드 사용으로 연체가 발생하면 거래정지뿐만 아니라 다른 거래에도 많은 제약을 받게 됩니다. 결국 신용등급 하락의 주범이 되는 거죠.

신용카드 소득공제의 황금비율을 잊어버려라

앞서 언급한 혜택 외에 신용카드 사용에 따른 소득공제 혜택을 포기할 수 없다는 분들도 많을 것입니다. 하지만 신용카드 소득공제는 총 급여의 25%를 초과한 상태에서 각 항목별 소득공제율을 적용하여 산출하며, 연간 공제한도가 300만 원입니다.

소득공제율을 살펴보면 신용카드는 사용금액의 15%인 반면, 체크카드와 현금영수증은 30%로 신용카드의 2배입니다. 전통시장과 대중교통 이용은 각각 100만 원 한도로 추가 공제되며, 40% 소득공제율을 적용합니다. 2018년 7월부터 도서·공연비에 대해서도 100만 원 한도로 추가 공제되며 30%의 소득공제율을 적용합니다.

하지만 여기서 중요한 사실은 총 급여의 25%를 초과한 금액을 쓰지 않으면 혜택을 한 푼도 받을 수 없다는 것입니다. 또한 산출 금액에서 각자의 과세표준 소득세율을 적용하여 최종 환급금액이 결정되므로 소득이 적은 사회초년생들은 총 사용금액 대비 환급금액이 적을 수밖에 없습니다.

결국 신용카드의 소득공제 혜택은 지출만 증가시킬 뿐 매력적인 혜택이라고 보기 어렵습니다. 그러므로 과도한 소비를 통해 적은 소득공제 혜택을 누리려고 애쓰기보다는 한 푼이라도 덜 써서 낭비를 줄이는 것이 신용관리나 재테크 측면에서 훨씬 효과적입니다.

신용카드의 올바른 사용방법

신용카드는 아주 편리한 지불수단입니다. 하지만 편리한 신용카드도 잘못 사용하면 여러 가지 불이익을 받을 수 있으므로 올바른 사용법을 알고 있어야 합니다. 당연하게 들리는 기본 원칙일수록 간과하기 쉬운데요. 기본을 다진다는 마음으로 다음 내용을 체크해 봅시다.

01 잊지 말고 서명할 것

신용카드는 발급받는 즉시 뒷면에 서명해야 합니다. 신용카드 뒷면에 서명하지 않은 채 분실하거나 도난을 당하면 보상을 받기 어렵습니다.

02 문자알림서비스를 활용하자

신용카드 결제 문자알림서비스를 신청하면 부정 사용을 막을 수 있습니다. 현재 5만 원 이상은 무료로 서비스가 제공되며, 5만 원 이하는 500원 미만의 비용으로 서비스를 이용할 수 있습니다.

03 분실 신고는 하루도 미루지 말 것

분실이나 도난을 당한 경우에는 즉시 카드회사에 신고해야 합니다. 신고일로부터 60일 이내에 부정사용금액에 대한 보상을 받을 수 있습니다. 만약 알면서도 신고를 하지 않다가 부정 사용되면 보상을 받을 수 없습니다.

04 비밀번호는 비밀스럽게

비밀번호를 설정할 때는 생년월일, 전화번호, 특정 규칙이 있는 숫자 등 알기 쉬운 숫자는 피하는 것이 좋습니다. 그리고 비밀번호를 타인에게 노출하여 발생하는 손해에 대해서는 보상하지 않으므로 잘 관리해야 합니다.

05 아무리 가까운 사이여도 빌려주지 말 것

신용카드는 다른 사람에게 절대 빌려주어서는 안 됩니다. 빌려 주었다가 발생하는 모든 피해는 본인의 책임임을 명심하세요.

06 카드 대금 연체 금지

카드 대금을 연체하면 카드 사용정지뿐만 아니라 신용등급에도 나쁜 영향을 줘 대출 등 다른 금융거래에도 불이익을 받을 수 있으 므로 경제 상황에 맞게 일정 범위 내에서 사용하고 결제일을 반드 시 지켜야 합니다.

재테크보다
대출상환이 우선이다

은행권까지 번진 '쉬운 대출' 바람

요즘 클릭 몇 번에 급전을 당겨쓰는 이른바 '쉬운 대출'이 유행처럼 번지고 있습니다. 얼마 전까지만 해도 "무상담 바로 입금", "아무것도 없어도 대출가능", "여자라서 행복해요"와 같이 상환능력과 상관없이 돈을 빌려준다는 대부업체의 광고가 유행이었죠. 최근에는 카카오뱅크와 K뱅크 등 인터넷전문은행의 출범으로 금융시장에 새로운 바람이 불기 시작했습니다. 간편한 소액 모바일 대출이 빠르게 확산되고 있는데요. 대표적으로 카카오뱅크의 '비상금대출'은 "60초면 충전 끝"이라는 홍보문구에서 볼 수 있듯 쉽고 빠른 대출을 자랑합니다. 신용등급 1~8등급이면 직장인, 자영업자는 물론 주부도 최대 300만 원까지 대출이 가능합니다. 이는 대한민국 성인의 약 90%가 사용할 수 있다는 의미입니다.

이러한 소액 모바일대출이 큰 인기를 누리자 시중 은행들도 앞다퉈 '포켓론', 'KB리브 간편대출' 등 유사상품을 선보이고 있습니다. 이 상품들의 특징은 자사의 신용카드가 있거나 주거래 고객이면 몇 분 만에 300~500만 원을 쉽게 대출할 수 있다는 점입니다. 또한 모든 은행이 경쟁에 뛰어들면서 최대 1억 원까지 간편하게 대출해 주는 신용대출 상품들도 쏟아져 나오고 있습니다.

'쉬운 대출'은 급전이 필요한 금융소비자들에게 간편하고 신속한 해결책처럼 보일 수도 있습니다. 그러나 가계대출 1,500조 원 시대에 은행마저 대부업체처럼 '빚 권하는 사회' 분위기를 조장하는 것 아니냐는 비판의 목소리도 큽니다. 무엇보다 부실한 검증시스템 및 연체율 증가로 금융기관이 무너지면 결국 그 피해가 금융소비자에게 돌아간다는 사실을 기억해야 합니다.

빚 권하는 사회에서 살아남기

20대 대학생이나 사회초년생에게는 '쉬운 대출'이 큰 독이 될 수 있습니다. 금융지식이나 소득 안정성은 다른 연령에 비해 떨어지지만, 모바일 접근성은 가장 뛰어나기 때문에 최근 확 낮아진 대출 문턱이 자칫하면 이들을 연체나 상환불능, 즉 빚의 구렁텅이로 내몰 수 있기 때문입니다.

금융감독원 자료에 의하면 2016년 말 기준 저축은행에서 돈을 빌린 무직자가 2만 명이 넘은 가운데 이중 절반 이상이 20대로 나타났습니다. 이들의 대출잔액은 506억 원에 달하며, 연체율은 10%를 넘고 있습니다.

심지어 아예 빚을 갚지 못해서 개인 워크아웃을 신청하는 20대도 계속해서 늘고 있는 상황입니다. 신용회복위원회에 따르면 2016년 20대 개인 워크아웃 신청자는 9,119명으로 3년 만에 50%가 급증했습니다. 이런 상황 속에서 모바일대출까지 보편화되면 빚에서 헤어나지 못하는 20대가 더 많아질 것으로 예상됩니다.

그러므로 꼭 돈을 빌려야 한다면 은행에서 유리한 대출상품을 선별하고 최대한 낮은 금리로 받도록 노력하세요. 그리고 대출받기 전, 반드시 스스로에게 물어보세요.

"정말 나에게 필요한 대출인가?"

"나중에 제대로 갚을 수 있는가?"

이 두 가지 질문에 명확하게 "예"라고 답할 수 없다면 대출을 받지 않는 게 좋습니다.

쉽게 빌린 돈은 반드시 대가가 따른다

자산이 적고 금융지식이 부족한 사람일수록 대출을 편하게 받으려는 경향이 강합니다. 그래서 대부업체의 고금리 대출광고에 쉽게 현혹되고, 신용카드의 현금서비스나 카드론, 대부업체의 소액대출을 많이 이용하죠. 하지만 쉽게 받는 대출은 반드시 그만큼의 대가를 치르기 마련입니다.

01 높은 이자율

대부금융협회의 금리 비교공시에 따르면 대부업체로부터 신용대출을 받은 대부분의 사람이 연 27% 안팎의 최고금리를 내고 있습니다. 최고금리가 사실상 기본금리가 된 것입니다. 만약 500만 원을 빌렸다면 1년에 이자만 135만 원을 부담하는 것으로 은행 대출이자의 5~7배 내외의 추가 부담을 하는 꼴입니다.

2017년 상반기 대부업체의 개인 신용대출 평균금리는 연 29%, 저축은행의 평균 대출금리는 연 23%였습니다. 고금리 장사에 대한 비판이 거세지자 정부는 2018년 2월부터 최고금리를 24%로 내렸지만, 고객들의 신용등급과 상관없이 다급한 사정을 악용하여 무조건 최고금리로 운용하는 경우가 많습니다. 이러한 업계의 관행에 대한 제도적 보완도 필요합니다.

02 신용등급 하락

일반적으로 신용등급이 양호하고 금융거래실적이 많은 사람은 은행에서 낮은 금리로 대출을 받습니다. 신용도를 높이기 위한 각종 서류를 제출하고 급여 이체나 적금 등 가능한 할인조건을 찾아 조금이라도 낮은 금리로 돈을 빌리기 위해 노력하죠.

반면 신용등급이 낮은 사람은 선택의 여지없이 남들보다 높은 금리로 돈을 빌릴 수밖에 없습니다. 그래서 높은 금리로 돈을 빌린 이력이 있는 사람은 '높은 금리를 부담해서라도 대출을 받아야 하는 상환능력이 떨어지는 사람'으로 인식하기 때문에 신용등급이 하향 조정됩니다. 단순히 편하다는 이유로 쉬운 대출을 이용하게 되면, 멀쩡한 신용등급에도 문제가 생기는 것이죠. 결국 대부업체나 저축은행에서 돈을 빌린 경험이 있는 사람은 은행에서 돈을 빌리기 어려워지거나 설령 빌린다고 하더라도 다른 사람보다 더 높은 금리를 부담하는 악순환이 이어지게 됩니다.

헤어나기 힘든 늪, 불어나는 마이너스통장

마이너스통장, 일명 '마통'이라고 불리는 대출통장을 갖고 있지 않은 직장인이 거의 없을 지경입니다. 은행 직원들이 거래실적이 있고 신용도가 양호한 고객에게 어김없이 권유하는 것 중 하나가

마이너스통장입니다. 경기침체의 장기화로 가계 살림이 팍팍해지면서 '직장인들의 필수품'으로 불리는 마이너스통장의 이용금액이 빠르게 늘고 있습니다. 과연 사회초년생들에게 마이너스통장은 득이 될까요?

마이너스통장은 누구나 인정하는 여러 가지 장점을 갖고 있습니다. 한번 약정해 놓으면 대출한도 범위 내에서 언제든지 꺼내 쓸 수 있고, 중도상환 수수료가 없습니다. 또한 대출한도 전액에 대한 이자가 아닌 '그날그날 내가 쓴 만큼만' 이자를 냅니다. 대출을 사용하지 않으면 이자가 발생하지 않는 거죠. 그렇다 보니 당장 급하지 않더라도 비상금 용도로 활용하기 위하여 마이너스 대출 약정을 해 놓는 경우가 많습니다.

실제로 마이너스통장 사용률은 50% 수준에 불과합니다. 은행의 입장에서는 대출한도만큼 자금 운용을 해야 하는데 절반밖에 사용하지 않기 때문에 일반 신용대출보다 금리를 0.5%가량 높게 받고 있습니다.

일단 마이너스통장이 있으면, 부족한 자금이 생길때마다 쉽게 꺼내 쓰게 됩니다. 이자도 매월 납입하지 않고 대출한도 이내에서 마이너스금액으로 얹어지다 보니 대출금을 사용하고 있다는 의식도 사라집니다. 게다가 대부분 대출 규모가 소액이라 금리가 다소 높아도 크게 체감하기 어려운 구조이며, 통장 잔액이 매일 변하기 때문에 이자를 정확하게 알아보기도 힘든 상황입니다.

결국 대출금은 줄어들지 않고 나도 모르게 계속 빚에 의존하는 상황에 직면하는 것이죠. 그래서 어떤 사람은 마이너스통장을 '서서히 끓는 물속의 개구리'와 같다고 표현합니다.

마이너스통장은 엄연한 빚입니다. 자기 통제력이 약하고 과소비가 심한 사람은 절대 활용해서는 안 되는 금기상품입니다. 또한 약정된 금액 한도를 다 쓰지 않아도 약정금액만큼 대출로 인정되기 때문에 신용한도에도 영향을 준다는 사실을 잊지 마세요.

만약 대출이 필요하다면 마이너스통장보다는 일반신용대출로 대출을 받아 사용하는 것이 효율적입니다. 일반신용대출을 통해 이자율을 낮추고 대출을 사용하고 있다는 사실을 인식하여 조금씩 갚아 나감으로써 대출금을 줄이려는 노력을 할 수 있기 때문입니다. 대출 이후에 신용상태에 변화가 있다면, 증빙자료를 제출하고 금리인하를 요구해 대출금리를 낮출 수도 있습니다.

현명한 신용관리 요령

2016년 8월 금융감독원에서는 금융소비자가 스스로 개인 신용등급을 잘 관리할 수 있도록 하기 위해 '현명한 신용관리요령'을 발표했습니다. 개인신용등급은 어떻게 관리하느냐에 따라 얼마든지 달라질 수 있습니다. 작은 습관부터 중요한 결정까지 모든 것이 내 손에 달렸음을 명심하고 적극적으로 실천해야 합니다.

01 평소 본인의 신용등급에 관심 갖기

'나이스지키미' 또는 '올크레딧' 사이트에 접속하여 확인합니다. 4개월에 한 번씩 무료로 조회할 수 있으며, 자신의 신용등급이 잘못됐다고 생각하면 이의제기를 할 수 있습니다.

02 과도한 빚은 고통의 시작

대출과 신용카드 사용금액은 자신이 갚아야 할 빚입니다. 본인의 소득 규모나 지출 등을 점검하고 갚을 능력을 고려하여 적정한 채무 규모를 신중하게 결정해야 합니다.

03 주거래 금융회사 및 자동이체 이용하기

신용조회회사에서 산정한 신용등급은 그대로 사용되는 것이 아니라 각 금융회사에서 거래실적 등을 고려하여 최종 산정하여 적용합니다. 결국 돈을 빌려주는 곳에서 자사의 이용현황을 신용등급에 반영하므로 급여 이체를 중심으로 주거래 금융회사를 활발히 이용하는 것이 좋습니다. 또한 부주의로 인한 연체를 피하기 위해 가급적 자동이체를 이용하며, 미리 통장 잔액을 확인합니다.

04 신용카드보다 체크카드 이용하기

과소비를 억제하고 효율적인 경제생활을 실천하기 위한 첫 단계가 체크카드를 사용하는 것입니다. 신용카드가 주는 많은 혜택은 소비를 전제로 하므로 과소비의 주범이 됩니다. 소득공제 혜택 역시 체크카드가 신용카드보다 2배 높습니다.

05 대출 금융회사 신중하게 결정하기

신용등급 산정 시 대부업체나 제2금융권 대출, 현금서비스나 카드론이 있을 경우 부정적으로 평가합니다. 대출은 무조건 은행에서 받고, 부득이 한 경우에만 제2금융권인 신협, 새마을금고, 저축은행에서 받는 것이 좋습니다.

06 금액 불문 절대 연체하지 않기

연체정보는 신용등급 결정의 가장 중요한 결정요인입니다. 좋은 신용등급을 받기 위해서는 소액이라도 연체는 금물입니다. 또한 불가피하게 연체가 발생할 경우 금액이 큰 연체 건보다 오래된 연체 건을 먼저 상환하는 것이 좋습니다.

07 타인을 위한 보증 피하기

다른 사람을 위해 보증을 서면 보증내역이 신용등급에 반영됩니다. 채무자가 연체하지 않더라도 신용등급이 하락하는 만큼 보증은 피하는 것이 좋습니다. 차라리 본인이 통제할 수 있는 현금을 빌려주는 것이 좋습니다.

08 금융거래 주소 일괄변경서비스 활용하기

금융회사에 등록된 주소를 단 한 번의 신청으로 일괄 변경해주는 '금융거래 주소 일괄 변경(금융 주소 한 번에) 서비스'를 활용하여 연락처 변경에 따른 불이익을 당하지 않도록 조치합니다.

월급이 적어도 돈은 모으고 싶어 —

07

사회초년생이
꼭 챙겨야 할 금융상품

내 집 마련의 시작
주택청약종합저축

내 집 마련을 위한 첫걸음

사회초년생들에게 결혼과 함께 가장 무거운 짐으로 인식되는 것이 집 아닐까요? 부모님이 돈이 많아서 한 채 사주면 문제가 없겠지만 하늘 모르고 치솟는 집값 앞에서 움츠러드는 자신을 발견하게 됩니다. 그래서 첫 번째 방안으로 준비하는 것이 주택청약 통장입니다. 내 집 마련의 꿈을 현실로 만들기 위해 대한민국 국민의 절반 이상이 가지고 있다는 주택청약 통장에 대해 꼼꼼히 살펴봅시다.

주택청약 통장의 정식 명칭은 '주택청약종합저축 통장'입니다. 2015년 9월부터 청약저축, 청약예금, 청약부금을 하나로 통합해

주택청약종합저축으로 일원화되었죠. 주택청약종합저축은 국민주택이든 민영주택이든 상관없이 청약요건과 상황에 따라 자유롭게 청약을 신청할 수 있어 '만능 통장'이라고 불리기도 합니다.

주택청약 통장을 만드는 방법은 간단합니다. 신분증을 가지고 가까운 은행을 방문하면 주택보유 여부, 연령에 관계없이 1인 1통장에 한하여 누구나 가입할 수 있습니다. 국내에 거주하는 재외동포뿐만 아니라 외국인 거주자도 가입할 수 있습니다. 이 상품은 만기가 없습니다. 아파트 청약에 당첨될 때까지이며, 적립금액은 매월 2만 원 이상 50만 원 이내에서 자유롭게 납입할 수 있습니다.

또한 소득공제 혜택이 있습니다. 총 급여액이 7,000만 원 이하 근로자이면서 무주택세대주의 경우에는 총 납입금액(연간 240만 원 한도)의 40% (96만 원 한도)까지 소득공제 혜택을 줍니다. 은행의 정기예금 금리와 비슷하면서도 청약자격과 소득공제 혜택까지 받을 수 있어 재테크를 위한 첫 단추의 역할을 톡톡히 수행하고 있습니다.

청년우대형 주택청약종합저축 출시

청년우대형 주택청약종합저축은 2018년 7월 정부의 신혼부부·청년 주거 지원방안의 하나로 도입되었습니다. 현행 주택청약종합저축에 우대이율을 더한 상품입니다.

가입 대상은 연소득 3,000만 원 이하 근로, 사업, 기타 소득자로서 만 19세부터 29세의 무주택 세대주입니다. 확인을 위해 소득확인서류와 주민등록등본을 준비해야 합니다.

이 상품의 장점은 5,000만 원까지 최대 10년 동안 현행 적용이율에 연 1.5% 우대이율이 적용된다는 것입니다. 또한 가입 후 2년 이상 경과하고 해약일까지 전 세대원이 무주택인 근로소득자의 경우 10년 내 발생이자 중 500만 원에 한해 비과세 혜택을 줍니다. 기존 주택청약종합저축 가입자도 가입자격 충족 시 청년우대형으로 전환이 가능하며, 반드시 영업점 창구에서만 가입할 수 있습니다.

청약 당첨 기준 체크는 기본!

국민주택기금의 자금을 지원받아 분양하는 LH한국토지주택공사와 각 지방도시공사의 국민주택은 당첨 기준이 30세가 되는 날(만 30세 이전에 결혼한 경우에는 혼인신고일)부터 3년 이상 무주택 세대구성원으로서 저축총액이 많은 순으로 당첨 순서를 정합니다.

대우건설(푸르지오), GS건설(자이) 등 민간건설회사가 분양하는 민영주택의 청약자격은 주택 소유와 상관없으며, 1년(청약과열지역/투기과열지구는 2년)이 경과한 계좌로서 입주자 모집공고 당일까지 거주지역별/전용면적별 예치기준 금액 이상인 가입자가 대상입니다.

2018년 8월말 기준 전국의 청약통장 가입자 수는 2,406만 명으로 이미 너무 많은 가입자가 있기 때문에 1순위 안에서도 경쟁이 치열합니다. 그래서 청약과열지역이나 투기과열지구로 지정된 곳에서는 1순위라 하더라도 세대주가 아닌 경우, 본인 및 그 세대에 속한 사람이 최근 5년 이내에 당첨 사실이 있거나 2주택 이상 소유한 경우에는 1순위 자격이 제한됩니다.

민영주택 입주자의 당첨순위를 정하는 '청약 가점제'는 같은 순위라도 무주택기간(32점), 부양가족 수(35점), 청약통장 가입 기간(17점)에 따라 총 84점으로 운영하며, 인기 지역에서 분양하는 경우 높은 점수를 받아야만 당첨 가능성이 커집니다.

거주지역별 민영주택 청약 예치기준 금액

구분	청약 가능 전용면적			
	85㎡ 이하	102㎡ 이하	135㎡ 이하	모든 면적
서울, 부산	300	600	1,000	1,500
기타 광역시	250	400	700	1,000
기타 시, 군	200	300	400	500

단위: 만 원

오래, 꾸준히 넣어야 당첨확률 UP!

그러면 사회초년생들이 수많은 경쟁자를 제치고 희망하는 아파트 청약에 당첨되기 위한 방법은 무엇일까요?

가장 중요한 점은 일찍 가입하여 꾸준히 납입하는 것입니다. 주택청약의 순위는 가입기간, 납입 횟수 등에 따라 달라지기 때문입니다. 국민주택 청약자격의 순위 산정 시 매월 정해진 날짜에 입금하지 않으면 순위 발생일자가 뒤로 늦춰질 수 있습니다. 또한 월 납입금이 10만 원을 초과하더라도 최대 10만 원까지만 인정받으므로, 매월 10만 원씩 꾸준히 납입하는 것을 추천합니다.

만약 미성년자가 가입한 경우, 국민주택으로 청약 시 최대 24회차까지만 인정하고, 민영주택으로 청약 시 가입 기간은 최대 2년만 인정하므로 무조건 일찍 가입한다고 좋은 것은 아닙니다.

늘어난 기회를 잡기 위한 방법

최근 정부가 공공주택의 공급을 확대하기로 함에 따라 신혼부부들의 청약 기회가 많아지고 공급물량도 늘어나고 있습니다. 신혼부부 특별공급 물량이 민영주택은 20%, 국민주택·공공주택은 30%로 증가해 중소형 공급물량 10가구 중 3가구는 신혼부부의 몫이 됩니다.

청약 접수 시 일반공급분 뿐만 아니라 신혼부부 특별공급분도 금융결제원의 아파트청약 사이트(www.apt2you.com)를 통해서 오전 8시부터 오후 5시 30분까지 접수가 가능합니다. 이 사이트는 분양정보에서부터 청약, 그리고 당첨 확인까지 주택청약과 관련한 모든 정보를 담고 있어서 활용하면 유용합니다.

이때 실수요자들은 청약 시 분양주택의 교육환경, 교통여건, 주거환경, 각종 편의시설 등을 종합적으로 검토하여 판단해야 합니다. 분양 광고는 기본적으로 과대포장되므로 모델하우스뿐만 아니라 공사현장 및 인근 중개업소 등을 방문하여 주변 환경과 시세를 꼼꼼히 비교한 후 청약에 참여하는 것이 실수를 줄이는 방법입니다.

사회초년생 · 신혼부부를 위한
대출상품

청년 주거 지원을 위한 대출 상품

운 좋게 청약에 당첨되었다고 해도 사회초년생에게 목돈이 있을 리 만무합니다. 전세금도 큰돈이죠. 정부와 은행들은 주거비 부담으로 결혼과 출산을 기피하는 사회적 문제를 해소하고자 신혼부부와 청년들을 위한 다양한 특화 대출을 잇달아 내놓고 있습니다. 소득과 주택면적 등 일정한 요건을 충족하면 조금 더 낮은 금리로 빌릴 수 있으므로 주택을 구입하거나 전·월세 계약 전에 반드시 상담을 통해 알아보는 것이 좋습니다.

사회초년생과 신혼부부의 주거 지원을 위한 대표적인 상품으로는 주택 구입을 위한 '내집마련 디딤돌대출'과 전세 걱정을 덜어주는 '버팀목 전세자금대출'이 있습니다.

01 내집마련 디딤돌대출

내집마련 디딤돌대출은 서민의 내 집 마련을 위해 정부가 지원하는 저금리 주택구입자금대출입니다. 기존의 '생애최초 주택구입자금대출', '근로자·서민 주택자금'과 '보금자리론'을 통합한 대출상품으로, 부부합산 연소득이 6,000만 원 이하이며, 세대원 전체가 무주택자일 경우 신청 가능합니다. 5억 원 이하의 주거전용면적 85㎡(약 25평) 이하 주택만 가능하고, 대출 신청은 소유권이전등기 전 또는 소유권이전등기 접수일로부터 3개월 이내입니다.

대출 금액은 담보평가 및 소득금액에 따른 대출 가능 금액 이내에서 최고 2억 원까지 가능하며, 대출 기간은 10년에서 최장 30년까지 원금 또는 원리금 균등분할상환방식으로 상환합니다.

대출 이율은 부부합산 연소득과 대출 기간을 감안하여 결정되며 연소득이 적을수록, 대출 기간이 짧을수록 낮은 이율이 적용됩니다. 현재 모든 우대금리까지 적용하면 최저 연 1.50~3.15%의 이율로 대출을 받을 수 있습니다.

최근에는 처음 주택을 구입하는 신혼부부를 위한 '신혼가구전용 내집마련 디딤돌대출'도 새로 나왔습니다. 여기서 신혼가구는 혼인 기간 5년 이내의 가구 또는 3개월 이내 결혼예정자를 의미

원리금 균등분할상환방식

원금과 이자를 합하여 매월 같은 금액으로 균등하게 상환하는 대출 상환방식이다. 매월 동일한 금액을 지출하므로 관리하기 편하다. 초기에는 이자를 많이 내고 원금을 적게 내다가 서서히 이자가 줄어들면서 원금이 늘어나는 구조로 이루어진다. 그러다 보니 은행 창구에 대출만기 전에 상환을 하러 오시는 고객들이 대출기간의 절반이 지났음에도 총 대출금의 1/3 수준 밖에 상환되지 않았다는 사실에 놀라는 경우가 생기기도 한다.

하며, 세대주를 포함한 세대원 전원이 주택을 소유한 경험이 없어야 합니다. 자격 요건에 해당된다면 기존보다 낮은 최저 연 1.20~2.75% 이율로 대출을 받을 수 있습니다. 게다가 부부합산 연소득 6,000만 원에서 7,000만 원으로, 대출 한도도 최대 2억 원에서 2억 2,000만 원까지 확대됩니다.

그런데 결혼한 신혼부부만 혜택을 주는 것은 너무 하지 않나요? 그래서 만 30세 이상의 단독세대주에게도 대출자격을 줍니다. 점점 늘어나는 1인가구를 고려하여 '1인가구 전용 디딤돌대출'이 출시되었는데요. 다만 3억 원 이하의 주거전용면적 60㎡(약 18평) 이하 주택만 가능하며, 대출가능금액도 최고 1억 5,000만 원까지로 제한됩니다.

02 버팀목 전세자금대출

버팀목 전세자금대출은 무주택 국민의 전세 걱정을 덜어주기 위해 정부에서 지원하는 저금리 전세자금대출입니다.

대출 대상은 임차보증금이 3억 원 이하인 무주택 세대주(세대원 전체가 무주택이어야 함)로서 부부합산 연소득이 5,000만 원 이하여야 합니다. 이때 서울, 경기, 인천을 제외한 지역은 임차보증금 2억 원 이하만 가능하며, 임차전용면적이 85㎡ 이하 주택이나 주거용 오피스텔이 해당됩니다.

대출 신청은 주택임대차계약을 체결하고 임차보증금의 5% 이상을 지불한 후 임대차계약서상 잔금 지급일과 주민등록등본상 전입일 중 빠른 날로부터 3개월 이내에 신청해야 합니다. 임차보증금을 올려주면서 재계약을 하는 경우에는 갱신계약일로부터 3개월 이내입니다.

그러면 얼마까지 대출을 받을 수 있을까요? 대출 한도는 임차보증금의 70% 이내에서 수도권은 1억 2,000만 원, 수도권 이외 지역은 8,000만 원까지 가능합니다. 대출 기간은 기본적으로 2년이며 2년 단위로 연장하여 최장 10년까지 사용할 수 있습니다. 다만 기한을 연장할 때마다 대출금의 10% 이상 상환해야 하며, 미상환 시 연 0.1% 금리를 가산합니다.

대출 이율은 연소득과 임차보증금을 감안하여 결정되며, 연소득과 임차보증금이 적을수록 낮은 이율이 적용됩니다. 현재 모든 우대금리까지 적용하면 최저 연 1.0~2.9% 수준입니다.

버팀목 전세자금대출 역시 무주택 신혼가구와 2자녀(미성년자)이상 가구의 경우에는 주거안정을 위해 조금 더 혜택을 주고 있습니다. 부부합산 연소득 6,000만 원까지 대상이며, 대출 한도에 있어서도 임차보증금의 80% 이내에서 수도권은 2억 원, 수도권 이외 지역은 1억 6,000만 원까지 가능합니다. 현재 대출금리는 최저 연 1.0~2.1% 수준입니다.

각 지방자치단체와 은행이 협약하여 신혼부부 임차보증금 대출을 지원하는 사례도 있습니다. 예를 들어 서울특별시와 KB국민은행이 협약하여 운영 중인 '서울특별시 신혼부부 임차보증금 지원사업'은 최대 2억 원 이내에서 임차보증금의 90%까지 대출이 가능하며, 서울시에서 최고 1.2% 이자를 지원해주는 상품입니다.

03 취업준비생·사회초년생용 주거안정 월세대출

지금까지 내 집 마련과 전세자금을 위한 대출 상품을 살펴봤는데요. 이번엔 월세입니다. 취업준비생과 사회초년생을 대상으로 월세 근심을 덜어주는 저금리 대출도 있습니다. 대출 대상은 부모의 연소득이 6,000만 원 이하인 만 35세 이하 취업준비생이거나 부부합산 연소득이 4,000만 원 이하인 만 35세 이하 사회초년생(취업 후 5년 이내)입니다.

대상 주택은 임차전용면적 85㎡ 이하 주택으로 무허가 건물이나 고시원 등은 대출이 불가합니다. 임차보증금 1억 원 이하에 월세 60만 원 이하로 계약을 체결한 경우 월세 금액 이내에서 2년간 총 960만 원(매월 최대 40만 원)까지 지원합니다. 대출 기간은 2년이며, 2년 단위로 최대 10년까지 연장할 수 있습니다.

사회초년생의 투자 길잡이
적립식펀드

적금이자는 낮고 펀드투자는 어렵고

바쁜 직장인들의 재테크에서 빠지지 않는 상품이 바로 적립식 펀드입니다. 2000년대 중반까지 국민 재테크로 불리며 큰 인기를 끌었던 적립식펀드는 글로벌 금융위기 이후 낮은 수익률과 높은 수수료 탓에 외면 받기도 했지만, 여전히 사회초년생의 목돈마련을 위한 가장 만만하고 적합한 상품으로 평가받습니다. 그럼 적립식펀드의 장점을 알아볼까요?

01 투자 시점을 고민하지 않아도 된다

모든 투자의 법칙은 단순합니다. 저점에 투자해서 고점에 회수하는 것이죠. 문제는 아무도 그 시점을 알 수 없다는 것입니다. 시장에서는 '무릎에서 사서 어깨에서 팔라'는 말을 하지만, 초보자에게는 그 조차 무척 어렵습니다.

적립식펀드는 적금처럼 매월 일정 금액을 나누어 계획적으로 투자하는 방식입니다. 3년을 투자한다고 했을 때 오늘 투자한 금액은 전체의 1/36에 불과하므로 시장의 오르내림에 크게 구애받지 않고 투자 시점을 분산시켜 줍니다. 투자결과에 따라 일희일비하는 문제를 해결해 주기 때문에 특히 이제 막 재테크를 시작하는 초보자에게는 성공 가능성이 상대적으로 높다고 할 수 있습니다.

02 리스크를 최소화할 수 있다

변동성이 큰 시장에서 매입단가 평균화 효과Cost Averaging Effect를 통해 리스크를 최소화할 수 있습니다. 매달 일정액을 투자하면 주가가 높을 때는 적게, 주가가 낮을 때는 많이 사게 됩니다. 결과적으로 평균 매입단가를 낮추는 효과를 얻는 것입니다.

03 적은 금액으로도 쉽게 시작할 수 있다

적립식펀드의 최저 가입금액은 10만 원(인터넷은 1만 원) 이상, 납입금액은 1만 원 이상입니다. 자신의 수입 일부를 적금처럼 부담

없이 장기투자 하는 것이므로 심리적 부담이 적죠. 무의식적으로 소비하는 담뱃값이나 커피값을 줄여 투자한다는 마음으로 매일 1만원씩 자동이체하는 방법도 있습니다.

적립식펀드에 성공하기 위한 방법

그렇다면 적립식펀드를 성공적으로 운용하기 위해서는 어떻게 하면 좋을까요? 아래 언급할 내용은 모든 문제를 해결해 주는 만능 투자법은 아닙니다. 투자자산이 계속해서 하락하면 손실을 피할 수 없고, 반대로 지속적으로 상승한다면 목돈을 일시에 투자할 때보다 수익률이 뒤질 수밖에 없습니다. 그러나 주식시장은 계속 오르거나 내리지 않고 등락을 반복하며 움직이는 것을 생각할 때 충분히 유효한 투자전략입니다.

01 장기간 꾸준히 투자한다

적립식 투자 전략은 매달 분할매입방식을 통해 위험을 분산하는 것입니다. 정기적으로 장기간 투자하는 경우 손실 발생의 위험을 줄여 주기 때문이죠. 그러니 만약 주가가 하락하더라도 흔들리지 말고 꾸준히 투자하세요. 앞서 말했듯 주식시장은 오르내림을 반복합니다. 적립식펀드는 평균싸움이기 때문에 일시적인 하락에 좌우되지 않는 것이 좋습니다.

02 자유적립식보다는 정기적인 정액 투자방식을 택한다

적립식펀드에 가입할 때 자유롭게 투자할지(자유적립식) 정기적으로 투자할지(정액투자방식) 선택할 수 있습니다. 선택은 여러분의 몫이지만, 개인적으로는 정기적인 정액투자방식을 추천합니다. 저축하듯 소액으로 꾸준히 투자하면 매입단가 평균화 효과로 인해 수익 가능성이 커지기 때문입니다. 자유적립식을 선택한 경우 대부분 추가로 납입하는 비율이 높지 않으며, 부정기적으로 몇 번에 걸쳐 넣게 되면 적립식펀드의 장점인 매입단가 평균화 효과를 기대하기가 어렵습니다.

만약 시장 상황을 지켜보면서 유동적으로 투자하고 싶다면, 자동이체를 통해 최소 금액을 정기적으로 투자하면서 여유자금을 추가로 납입하는 것이 더 효과적입니다.

03 가입 시점보다 환매 시점이 중요하다

거치식펀드는 가입 시점이 가장 중요하고, 적립식펀드는 환매 시점의 주가가 수익률을 결정합니다. 시장은 지속적으로 등락을 거듭하는 과정에서 2~3년을 주기로 큰 흐름이 반복됩니다. 그러므로 무조건 오래 가지고만 있는 것이 답은 아닙니다. 정기적이고 장기적인 투자로 위험을 줄이되, 적당한 목표수익률에 도달하면 환매를 통해 수익을 얻는 것이 좋습니다. 본인의 재무목표를 기준으로 목표수익률을 정하고 여유 있게 환매 시점을 결정하도록 하세요.

적립식펀드 가입할 때 도움이 되는 꿀팁

01 인덱스펀드로 시작하라

인덱스펀드는 시장지수에 따라 수익률이 정해지는 펀드입니다. 주가지표의 움직임에 연동되도록 포트폴리오를 구성함으로써 시장의 평균 수익을 실현하는 것을 목표로 합니다. 선택의 오류가 적고, 수수료가 일반 주식형펀드의 절반 정도이므로 오래 투자할수록 수익률이 높아진다는 장점이 있습니다.

뒤집어 생각하면, 시장지수를 초과하는 수익을 기대하기 어렵다는 의미이기도 합니다. 공격적인 성향의 투자자들에게는 단점으로 느껴질 수 있죠. 그러나 워런 버핏은 "많은 똑똑한 사람이 헤지펀드를 운용하고 있지만 그들의 지능이 투자자에게 받아가는 수수료 수준은 안 될 것이다"라고 말했습니다. 실질적으로 최근 10년간 인덱스펀드와 액티브펀드를 비교해 보면 인덱스펀드의 압승이었습니다. 주식시장의 변동성은 더욱 커지고, 펀드매니저가 지속적으로 초과수익을 달성하기 어려울 뿐만 아니라 수수료가 높아 실

액티브펀드

펀드매니저가 주가가 오를 것으로 판단되는 종목을 발굴하고 적극적인 운용을 통해 기준 수익률 이상의 초과수익을 추구하는 펀드를 말한다. 액티브펀드는 펀드매니저의 시장예측 판단력과 역량에 의해 수익이 좌우되고, 높은 수익률을 추구하기 위해 공격적으로 투자하기 때문에 변동성과 리스크가 크다. 또한 초과수익을 얻기 위해 더 많은 시간과 노력이 투입되므로 인덱스펀드보다 상대적으로 높은 수수료를 받는다.

제 수익률이 인덱스펀드를 따라가지 못했습니다. 결국 저렴한 비용(수수료)으로 시장 평균 수준의 실적을 내는, 투자경험이 부족한 사람들이 가장 마음 편하게 가입할 수 있는 상품이 인덱스펀드입니다.

최근에는 국내의 코스피200뿐만 아니라 유로인덱스, 재팬인덱스 등 해외시장을 기준으로 운용되는 상품도 다양하게 출시되어 선택의 폭이 넓어졌으며, 수익률의 한계를 극복하기 위해 일부를 파생상품에 투자하여 추가수익을 내는 상품들도 나와 있습니다.

02 인터넷으로 가입하라

펀드에 가입할 때 수수료를 아낄 수 있는 또 하나의 방법은 인터넷입니다. 인터넷으로 가입하면 같은 유형의 펀드라도 대략 연 0.5% 정도 저렴합니다. 창구에서 상담을 하지 않으니 상담에 따른 인건비가 감소되고, 그만큼을 판매수수료에서 빼주는 것입니다.

예를 들어볼까요? 연간 수익률을 6%로 가정하고 연간 수수료율 0.3%와 1.2%로 30년간 운용할 경우, 수수료율 0.3%의 누적수익률은 427%인 반면, 1.2%의 누적수익률은 308%에 그쳤습니다. 결국 수수료율 0.9% 차이가 수익률 119% 차이를 가져온 것입니다. 이처럼 작은 수수료가 모여 수익률에 큰 영향을 주므로, 수수료를 아낄 수 있는 방법을 적극 활용하는 것이 좋습니다.

하지만 여전히 많은 투자자들이 인터넷으로 투자하는 것을 부담스럽게 여깁니다. 이를 해결하기 위해서는 투자자가 각종 자료나 정보를 바탕으로 스스로 판단하고 행동할 수 있는 능력을 키우거나, 판매회사를 방문하여 기본 상담을 받아보고 가입만 인터넷으로 하는 방법도 있습니다.

03 펀드 슈퍼마켓을 참조하라

마지막으로 '펀드 슈퍼마켓'을 통해 여러 상품을 스스로 비교·분석해 보세요. 펀드는 공산품과 같아서 판매회사가 어디든 상관없이 동일한 펀드는 동일한 이익을 가져다줍니다. 펀드슈퍼마켓(www.fundsupermarket.co.kr)은 국내 자산운용사에서 취급하는 대부분의 펀드를 판매하고 있으며, 선취수수료를 받지 않고 펀드 보수도 오프라인의 1/3 수준에 불과합니다. 41개 자산운용사 및 유관기관이 공동으로 설립하여 지원함에 따라 판매회사보다 객관적인 정보를 제공하고 있으므로 참조하면 좋습니다.

최적의 종잣돈 마련 상품
ISA

ISA, 그것이 알고싶다

2016년 3월, 정부가 국민의 재산증식을 위해 의욕적으로 추진했던 개인종합자산관리계좌ISA는 정부의 보여주기식 금융정책과 국민들의 과도한 기대가 실망으로 이어지면서 만 원짜리 깡통계좌만 양산하는 결과를 불러왔습니다.

하지만 사회초년생에게 ISA는 깡통으로 두기엔 아까운 상품입니다. 3~5년 동안 비과세 혜택을 받으면서 종잣돈을 마련하기에 안성맞춤이기 때문입니다. 그러면 ISA가 어떤 상품인지 하나하나 알아볼까요? ISA는 하나의 계좌에 다양한 금융상품을 담아서 운용하고 나중에 순이익에 대해 비과세 혜택을 주는 상품입니다. 예·적금, 주식형·채권형 펀드, ELS 등 다양한 금융상품을 한 계좌에 담아 원하는 금액과 비율로 투자할 수 있습니다.

쉽게 말해 큰 바구니라고 생각하면 됩니다. 본인이 원하는 상품을 바구니에 담고, 여기서 발생하는 이자나 배당 수익에 대해 200만 원까지는 비과세, 200만 원 초과분은 9.5% 저율과세의 혜택을 줍니다. 이때 투자에 따른 손실이 있으면 이익에서 차감한 후 실질 수익에 대해 비과세를 해준다는 것이 일반 상품과 다른 점입니다. 납입한 원금 내에서 횟수에 제한 없이 돈을 인출해도 감면된 세액을 반환하지 않아도 되고요.

여기까지 설명을 들으면 '세금이 얼마나 하겠어?'라고 생각하는 분들도 있을 텐데요. 기본적으로 모든 금융상품은 이자를 포함한 수익에 대해 15.4%의 세금을 냅니다. 정기예금도 마찬가지죠. 예를 들어 200만 원 수익이 났다고 가정했을 때, ISA의 경우 200만 원을 그대로 가져가는 데 반해, 일반 상품은 15.4%를 뺀 169만 2,000원만 가져가게 되는 것입니다. 결코 적지 않죠?

가입 대상자는 가입일로부터 3년 내에 신고된 소득이 있는 근로자와 사업자입니다. 근로자의 ISA 가입자격을 확인하기 위해서는 국세청 홈택스 또는 세무서에서 소득확인증명서(개인종합자산관리계좌 가입용)를 발급받아야 합니다. 신규 취업자인 경우에는 회사의 급여명세서 또는 건강보험 납부확인서가 필요하며, 신규 사업자인 경우에는 사업자등록증명원이 필요합니다.

가입 기간은 5년이며, 연간 2,000만 원 한도로 5년간 총 1억 원까지 저축할 수 있어 목돈마련에 제격입니다. 연간 한도는 가입 시점 기준이 아니라 매년 1월 1일을 기준으로 합니다.

사회초년생에게 ISA를 추천하는 이유

앞서 ISA가 사회초년생에게 아까운 상품이라고 설명했는데요. 사회초년생처럼 소득이 적은 서민들에게는 좀 더 많은 혜택이 주어지기 때문입니다. 가입 시점에 총 급여 5,000만 원 이하인 근로자와 소득금액이 3,500만 원 이하인 자영업자는 신규 가입 후 3년만 지나도 비과세 혜택이 적용되며, 비과세 한도도 400만 원까지 확대됩니다.

ISA는 가입 시점을 기준으로 전년 소득에 근거하여 일반형과 서민형으로 나뉘므로 서민형 기준이 충족되는 이른 시점에 가입하는 것이 좋습니다. 가입 이후 소득이 초과해도 계속해서 서민형 혜택을 받을 수 있으며, 전년 소득이 없는 신입사원의 경우에도 서민형으로 가입할 수 있습니다.

그러니 기준이 충족된다면 1만 원짜리라도 일단 만드는 것이 좋습니다. 가입 후 꾸준히 운용하지 않더라도 만기 이전에만 자금을 넣어두면 비과세 혜택을 볼 수 있기 때문입니다.

서민형이든 일반형이든 3~5년이라는 기간 동안 자금이 묶이므로 혹시 모를 중도해지에 대한 불안감이 있을 수도 있습니다. 하지만 사실상 ISA는 개별투자상품에 가입한 것과 마찬가지로 생각해도 무방합니다. 1년 후에 정기예금이 만기가 되어 자금을 써야 한다면 평소처럼 해지하여 이자소득세(수익의 15.4%)를 납부하고 나머지 원금과 이자를 가져가면 됩니다. 연금저축 등의 소득공제 상품과 다르게 중도해지에 따른 추가적인 불이익이 없기 때문입니다.

잘 쓰면 약이 되는 ISA의 모든 것

애초에 ISA는 비과세 혜택을 줌으로써 적극적인 투자를 유도하는 상품입니다. 그러나 투자 경험도 부족하고 돈도 많지 않은 사회초년생들은 ISA가 어떤 의도로 만들어졌든 상관없이 자기에게 맞는 운용 방식을 선택하는 것이 중요합니다. 리스크를 최소화하면서 보통 이상의 수익을 달성하는 것을 목표로 하세요.

최근 저축은행의 정기예금을 편입한 신탁형 ISA의 경우 은행 정기예금보다 연 0.5% 정도 금리가 높으며, 은행계열사의 저축은행(KB저축은행, 신한저축은행 등) 예금으로 운용하고 각 5,000만 원까지 예금자보호가 되어 안정적입니다.

하이일드펀드

신용등급이 낮은 투기등급의 채권에 집중적으로 투자하는 고위험·고수익 펀드다. 신용등급이 낮아 간접금융시장에서 자금을 조달할 수 없는 기업이 발행한 채권에 투자하는 펀드이기 때문에 높은 수익률을 제공하는 대신 발행자의 채무불이행으로 인한 위험부담도 크다. 만약 투자할 생각이라면, 가능한 경기 회복기에 투자하는 것이 좋다. 전반적으로 기업부도율이 떨어져 투자위험이 줄고, 덩달아 채권가격도 상승하기 때문이다.

또한 ELS 상품을 투자해본 경험이 있는 사람들은 수익 대비 세금(지방세 포함 16.5%)을 많이 떼어 간다고 느낄 것입니다. ELS는 보통 3년 정도의 여유자금으로 투자하기를 권하기 때문에 기간 제약이 있는 ISA로 투자해 비과세 혜택을 보는 것이 유리합니다.

이때 ISA 계좌에서 주식형펀드를 운용하는 것은 되도록 피하세요. 국내 주식형펀드의 주식매매익에 대해서는 과세하지 않기 때문입니다. 만약 주식형을 운용하고 싶다면 해외주식형펀드나 하이일드펀드 등 과세대상인 상품을 편입하여 운용하는 것이 현명합니다.

사회초년생이라도 본인이 다소 공격적인 투자성향을 갖고 있거나 전문가에게 위탁하여 펀드를 운용하고 싶다면 일임형 ISA에 투자하는 것도 좋습니다. 투자성향에 따라 포트폴리오를 구성하여 전문가들이 운용하므로 운용에 따른 수수료는 신탁형에 비해 높은 편입니다. 최근에는 운용수익이 마이너스가 되면 수수료를 받지 않겠다고 선언한 금융회사들이 점점 늘어나고 있으니 수수료까지 꼼꼼하게 비교하여 선택하기를 바랍니다.

연말정산의 Must Have Item
세제적격 연금상품

100세 시대를 준비하는 연금상품

매년 연말정산 시즌이 되면 세제혜택 상품에 대한 관심이 뜨겁습니다. 일정한 소득이 있으면 소득세를 내게 되는데 소득공제는 과세표준이 되는 금액 자체를 차감하고, 세액공제는 납부할 세액을 산출하여 그 금액을 직접 덜어주는 것을 의미합니다. 소득공제는 근로소득금액에서 소득공제금액을 차감하여 과세표준을 줄여줌으로써 세금을 많이 낸 사람이 더 많은 혜택을 받고, 세액공제는 소득에 상관없이 같은 세율로 세금을 감면해 주기 때문에 저소득층이 더 많은 혜택을 받습니다.

세제혜택 상품의 종류

구분	세제혜택의 의미	상품 예시
비과세	과세대상 소득에 과세를 하지 않는 것	개인종합자산관리계좌(ISA)
소득공제	과세대상 소득 중에 일정금액을 공제하고 세율을 산출하는 것	주택청약종합저축 신용카드
세액공제	산출세액에서 직접 세금을 빼주는 것	연금저축계좌 개인형퇴직계좌(IRP)

직장인이나 자영업자가 가입할 수 있는 세액공제 대표상품은 연금저축계좌와 개인형퇴직계좌IRP입니다. 두 상품은 운용하는 회사와 운용방식만 다를 뿐 동일한 세법의 적용을 받는 노후준비용 세제적격 연금상품으로, 최소 5년 이상 납입하고 만 55세 이후부터 연금 수령이 가능합니다. 연간 납입할 수 있는 금액은 모든 금융기관을 합산하여 총 1,800만 원까지이며, 자유롭게 납입할 수 있습니다.

일반적인 제도는 연금저축계좌와 IRP가 같으나 상품의 운용방식은 전혀 다릅니다. 연금저축계좌는 최초 가입한 상품으로 계속 운용되지만, IRP는 정기예금부터 국내외 주식형펀드까지 다양하게 투자할 수 있고 언제든지 운용상품을 교체할 수 있습니다.

만약 세제적격 연금상품이 지속적으로 수익률 관리가 안 되는 경우 '연금저축 계약이전 제도'를 통해 타 상품이나 다른 금융회사

연금저축계좌와 개인형 IRP의 특징

구분	가입대상	상품운용	세액공제한도	공통
연금저축 계좌	제한없음	최초 가입상품으로 계속 운용	400만 원	연간 납입한도 1,800만 원(합산) 세액공제율 13.2% (지방세포함)
개인형 IRP	근로자 자영업자	언제든지 운용상품 교체, 변경가능	700만 원 (연금저축 포함)	

로 갈아탈 수 있습니다. 새로 가입하는 금융회사를 한 번만 방문하면 원스톱 업무처리가 가능하도록 '연금저축 계좌이체 간소화'가 시행되고 있으므로 이를 활용하면 됩니다.

01 연금저축계좌

연금저축계좌는 누구나 가입할 수 있으며, 세액공제 혜택을 주는 개인연금의 일종입니다. 상품의 운용 주체에 따라서 은행에서 운용하는 연금저축신탁, 보험사에서 운용하는 연금저축보험, 자산운용회사에서 운용하는 연금저축펀드로 나뉘어 판매되고 있으며, 연금저축보험이 전체 적립금의 3/4을 차지하고 있습니다.

02 개인형 IRP

개인형 IRP는 개인의 노후준비를 위한 퇴직연금 관리계좌입니다. 2017년 7월부터 자영업자 및 공무원도 가입할 수 있도록 가입 대상을 확대하면서 모든 근로자와 자영업자가 가입할 수 있게 되었습니다.

연금계좌의 세액공제 혜택

현재 연금계좌 가입은 노후보장을 위한 안전장치라기보다 매년 맞이하는 연말정산에서 세금을 돌려받기 위한 용도로 가입하는 경우가 많습니다.

연금저축계좌와 개인형 IRP를 합해 700만 원 한도 내에서 세액공제를 받을 수 있습니다. 이때 유의할 점은 연금저축계좌의 경우 연간납입액 400만 원까지만 공제 혜택이 부여된다는 것입니다. 그러므로 아직 연금저축계좌를 갖고 있지 않은 사람들은 굳이 연금저축에 가입하는 것보다 개인형 IRP에 가입하여 하나의 계좌로 700만 원까지 납입하여 혜택을 받는 것이 더 편리합니다.

앞서 세액공제는 저소득층에게 더 많은 혜택이 돌아간다고 얘기했었죠. 현재 연금계좌에 대한 세액공제율은 13.2%(지방세 포함)이지만 연소득 5,500만 원 이하인 근로자는 16.5%로 확대되었습니다. 결국 연금계좌에 700만 원을 납입했다면 5,500만 원 이하의 근로자는 115만 5,000원, 5,500만 원 초과 근로자는 92만 4,000원을 돌려받을 수 있는 것이죠. 맞벌이 부부의 경우에는 총 급여가 5,500만 원 이하인 사람부터 우선적으로 세액공제 한도까지 납입하는 것이 세제혜택을 받는 데 유리합니다.

절세상품의 보이지 않는 함정

세액공제의 여러 장점에도 불구하고 가입에 앞서 꼭 기억해야 할 점이 있습니다. 연금계좌는 개인의 노후보장을 위한 장기상품입니다. 최소 납부 기간은 5년이고, 납부 기간 경과 후 만 55세 이후부터 10년 이상에 걸쳐 수령해야 하는 최장기상품이죠. 사회초년생이 30세에 가입했다면 연금개시 시점까지 최소 25년 이상, 연금수령 종료 시까지 35년 이상을 유지해야 한다는 점을 분명히 인식해야 합니다.

지금 당장 필요한 돈이 아닌 미래자금이다 보니, 연금저축의 10년 유지율이 절반에 불과할 정도로 지속적인 유지가 어렵습니다. 연금계좌를 중도해지 하는 경우에는 세제혜택을 받은 납입원금과 운용수익에 대해 16.5%의 기타소득세를 내야 합니다. 개인적으로 노후를 준비하는 대신 정부에서 세액공제 혜택을 주는 것인데, 중간에 해지하면 도입 취지에 맞지 않기 때문에 페널티를 부여하는 것이죠. 즉 연말정산에서 환급받았던 금액을 다시 반환해야 하며, 경우에 따라서는 원금손실이 발생할 수도 있습니다. 그러므로 반드시 본인의 소득과 재무목표를 바탕으로 꼼꼼히 검토하고 가입해야 합니다.

또한 대다수 가입자가 수익률에만 관심을 가지지만 수수료를 무시할 수 없습니다. 금융회사들은 개인형 IRP의 경우 연 0.4~0.5% 정도의 자산관리·운용관리 수수료를 떼어갑니다. 정기예금으로 운용한다면 실질적으로 1%대의 수익률인 것이죠.

위 내용을 충분히 확인하고 가입을 결정했다면, 일단 적은 금액으로 꾸준히 운용하고, 가입 이후 납입이 어려운 경우에는 납입중지, 감액 등 다양한 방법을 활용하여 끝까지 유지하는 것이 좋습니다.

적은 소득으로
큰돈 만드는 대박 상품

01 청년에게 목돈을 만들어주는 각종 공제제도

사회초년생은 소득이 적어서 저축할 여력이 부족합니다. 게다가 물가상승 등으로 인한 실질적인 가계소득의 감소가 저축에 대한 의욕을 떨어뜨리고 미래를 더욱 불안하게 합니다. 적은 돈으로 꾸준히 노력하는 청년들을 위해 국가와 기업이 함께 '착한 상품'들을 출시하고 있습니다.

내일채움공제

청년은 일자리를 못 구하고 중소기업은 인재가 부족한 인력 불균형 현상을 해결하고자 중소기업진흥공단에서 2014년 8월에 도입한 제도입니다. 모든 재직자가 대상이며, 근로자가 월평균 12만 원을, 기업이 30만 원을 납입해 5년간 2,000만 원 이상 목돈을 마련하는 제도입니다.

청년재직자 내일채움공제

2018년 3월, 중소벤처기업부와 중소기업진흥공단은 청년근로자, 기업, 정부가 공동으로 공제금을 일정 기간 적립하고 만기 때 적립금 전액을 청년근로자에게 성과보상금 형태로 지급하는 '청년재직자 내일채움공제'를 새로 도입했습니다.

가입 대상은 중소기업이나 중견기업에 1년 이상 재직 중인 청년 정규직 근로자(만 15세 이상 34세 이하)입니다. 청년 근로자는 매월 12만 원, 기업은 매월 20만 원을 5년간 적립하고, 정부도 최초 3년간 1,080만 원을 지원함으로써 5년 근속 시 3,000만 원의 목돈을 손에 쥘 수 있습니다. 근로자는 총 720만 원을 저축하고 3,000만 원을 받아가는 상품입니다.

기업은 청년 근로자를 장기 근속시키며 생산성을 높일 수 있고, 기업이 부담한 공제납입금에 대해 100% 손비 인정과 25%의 세액공제 혜택을 줍니다.

청년내일채움공제

고용노동부와 중소벤처기업부가 함께 운영 중이며, 중소기업이나 중견기업에 정규직으로 취업한 청년 근로자(만 15세 이상 34세 이하)에게 장기근속과 자산형성을 지원하고, 기업은 인재고용을 유지할 수 있도록 2016년 7월부터 시행하고 있습니다.

청년내일채움공제는 2년제와 3년제가 있습니다. 2년제는 본인이 매월 12만 5천 원(총 300만 원)을 적립하면 기업이 400만 원(정부지원금) 그리고 정부가 취업지원금 900만 원을 공동으로 적립하여 2년 후 1,600만 원과 이자를 받습니다. 3년제는 본인이 매월 16만 5천 원(총 600만 원)을 적립하면 기업이 600만 원(정부지원금) 그리고 정부가 취업지원금으로

1,800만 원을 공동 적립하여 3년 후 3,000만 원과 이자를 받습니다. 본인 납입금 대비 5배 이상의 목돈을 받아 미래설계의 기반을 마련할 수 있는 상품입니다.

02 지자체와 함께하는 목돈마련상품

여러 지방자치단체에서도 관내에 거주하는 저소득 청년 근로자의 목돈마련을 위한 상품들을 내놓고 있습니다. 하지만 정해진 예산 속에서 운영되다 보니 참가자 모집 기간이 정해져 있고 인원도 제한적이므로 이와 관련하여 평소 관심을 갖고 정보를 수집하는 것이 중요합니다.

희망두배 청년통장

참가자가 2년 또는 3년 동안 매월 근로소득으로 저축하는 금액과 동일한 금액을 서울시 예산과 시민의 후원금으로 적립 지원하는 통장입니다.

대상자는 서울시에 거주하는 청년 근로자(만 18세 이상 34세 이하)로서 월소득이 220만 원 이하이고, 부양의무자(부모 및 배우자)의 소득인정액이 기준중위 소득 80% 이하여야 합니다.

본인이 저축액을 10만 원 또는 15만 원 중에서 선택할 수 있으며, '1+1'처럼 동일금액의 근로장려금을 지원합니다. 통장 개설은 임의해약 방지를 위해 서울시복지재단 명의로 개설하며, 근로장려금은 주거, 결혼, 교육, 창업 목적의 사용 용도가 증빙되면 지급합니다.

지원을 받기 위해서는 금융교육을 연 1회 의무적으로 이수해야 하며, 무단 불참하는 경우 약정의무 위반으로 중도해지되고 본인 적립금만 지급됩니다.

경기도 일하는 청년 통장

경기도에 거주하는 저소득 청년 근로자가 매달 10만 원을 저축하면 3년 후 경기도 예산 등으로 약 1,000만 원을 적립해 주는 통장입니다. 공고일 기준 만 18세 이상 34세 이하이면서 가구소득 인정액이 기준중위 소득 100% 이하여야 합니다.

희망·내일·청년희망키움통장

일하는 생계수급가구 및 비수급 근로 빈곤층의 자활을 위한 자금으로써 목돈 마련을 돕는 제도입니다. 희망키움통장과 내일키움통장은 공통적으로 본인이 매월 일정하게 저축한 금액에 보건복지부와 지자체가 지원금을 추가로 적립하여 자립을 위한 목돈을 마련할 수 있도록 지원해 줍니다.

03 비과세 장병내일준비적금 출시

국가를 위해 의무복무 중인 청년 장병들이 제대하면서 목돈을 들고 나오는 상품이 출시되었습니다. 군 월급으로 목돈을 마련하여 전역 후 학업과 취업대비용 자금으로 활용하도록 만든 비과세 적금으로 14개 은행에서 가입할 수 있습니다.

장병내일준비적금의 가입 대상은 군 복무 중인 현역병, 상근예비역, 의무경찰, 의무소방요원, 사회복무요원입니다. 단, 의무복무기간이 6개월 이상 남아 있어야 하며, '장병내일준비적금 가입·재정지원 자격 확인서'를 발급받아 원본을 제출해야 합니다.

개인당 월 최대 적립 한도는 40만 원이며, 은행별로 월 20만 원까지 자유롭게 저축할 수 있습니다. 결국 2개 은행에서 월 20만 원짜리 자유적금을 2개 가입할 수 있는 셈이죠.

이를 통해 21개월 만기제대하는 육군 병사가 금리 연 5.5%짜리 상품에 매달 40만 원씩 납입하면 제대할 때 약 890만 원의 목돈을 받을 수있게 됩니다.

이 상품의 특징을 살펴보면 은행은 연 5% 이상의 고금리 혜택을 제공하고, 만기 제대할 때 국가에서 입금금액 건별로 연 1%의 이자를 재정지원금으로 지급한다는 점, 그리고 군 복무기간 발생한 이자소득에 대해서는 비과세 혜택을 제공한다는 점입니다. 이를 모두 합산하면 연 7% 이상의 고금리상품입니다.

하지만 이 적금의 만기는 일반 적금 상품과 다르게 각 가입자의 전역 예정일입니다. 재정지원금의 추가 이자와 비과세 혜택은 가입자의 만기 제대 시점까지만 적용되므로 입대 후 빨리 가입할수록 유리합니다.

월급이 적어도 돈은 모으고 싶어 ──

부 록

사회초년생이
가장 많이 하는 질문 10

**요즘 입출금통장 만들기가
왜 이렇게 어렵나요?**

답변 은행들이 대포통장을 근절하기 위해 전쟁 중이기 때문입니다. 대포통장이란 통장의 실제 사용자와 명의자가 다른 통장으로 범죄조직이 불법적으로 돈을 주고 사거나 계좌 주인을 공갈하는 수법으로 가로챈 예금통장을 말합니다.

대포통장이 보이스피싱이나 대출사기 등에 사용되므로 정부와 은행은 고객의 피해를 줄이기 위해 노력하고 있습니다. 그러다 보니 실질적인 사용을 입증하기 어려운 대학생, 주부, 노인 등이 입출금통장을 만들기 어려운 것이 현실입니다. 대다수의 국민이 애꿎은 피해를 보고 있는 셈이죠.

은행에서 비정상적인 통장 개설로 의심하는 대표적인 예로는 최근 1개월 이내에 2개 이상의 계좌를 개설하는 단기간 다수계좌 개설자, 여권(또는 여행자증명서)만을 소지한 외국인, 미성년자가 단독으로 내점한 경우 그리고 직장이나 집 등 연고가 전혀 없는 원거리에서 통장을 만드는 등의 경우입니다.

은행 창구에서는 먼저 '금융거래 목적 확인서'를 작성하고, 재직증명서, 공과금 영수증 등 추가 증빙서류를 받아 정상적인 거래를 목적으로 개설하는지 확인합니다.

만약 직원이 비정상적인 개설이라고 판단하는 경우에는 통장 개설을 거부하거나 제한계좌로 개설해 줍니다. 제한계좌는 이체와 출금 한도가 창구에서는 100만 원, 자동화기기와 비대면 전자금융은 30만 원으로 제한하는 계좌입니다.

전자금융거래법에서는 대포통장에 단순히 명의만 빌려준 사람도 3년 이하의 징역 또는 2,000만 원 이하의 벌금을 부과하고 있습니다. 또한 1년간 입출금통장 개설 제한과 대포통장 명의인의 전 계좌에 대한 비대면 채널 거래를 제한합니다. 특히 통장을 다른 사람에게 빌려주면 돈을 받지 않았더라도 처벌될 수 있으니 절대 응하지 말아야 합니다.

참고로 적금이나 펀드 등 적립식·거치식 상품을 개설하는 경우에는 문제없습니다. 대포통장에 오랜 기간 입금해 놓고 만기가 되기를 기다리는 사기범은 없기 때문입니다.

질문 2

거래 은행을 한 곳으로 통일하는 것이 좋은가요?
아니면 여러 은행을 거래하는 것이 좋은가요?

답변 사회초년생들이 가장 많이 던지는 질문 중 하나입니다. 결론부터 말씀드리면 급여통장을 이용하는 은행 하나를 정하여 주거래 은행으로 활용하는 것이 좋습니다.

은행은 고객의 모든 은행거래 실적을 점수화하여 주거래 고객 우대제도를 시행하고 있으며, 이를 통해 금리 우대와 수수료 감면 등 다양한 혜택을 받을 수 있습니다.

특히 대출을 받을 때 주거래 은행의 중요성이 드러나는데요. 개인대출을 받을 때는 거래실적 등급에 따라 대출 가능 금액과 금리가 달라질 수 있습니다. 공무원이나 대기업에 다니는 사람들은 집단신용대출 등을 통해 재직기간과 연봉을 중심으로 심사하여 대출이 이루어지므로 거래실적의 영향을 덜 받지만 중소기업에 다니거나 재직기간이 짧고 객관적인 소득이 불분명한 경우에는 은행의 주거래 등급을 근거로 대출을 받습니다.

솔직히 사회초년생은 2개 이상의 주거래 은행을 운용할 만큼 자산이 많지도 않고, 거래은행 분산의 의미도 크지 않습니다. 국내 은행은 정부의 각종 규제에 따른 영향을 똑같이 받기 때문에 모든 은행이 상품부터 제도, 서비스까지 거의 동일합니다. 자주 드나들 수 있는 가까운 은행을 정해 꾸준히 거래하면서 직원들과 얼굴을 익히는 것이 좋습니다.

만약 증권사의 CMA를 급여계좌로 이용하거나 저축은행을 활용하는 경우에는 반드시 은행을 추가로 이용하는 것이 좋습니다. 제2금융권은 대출이 어렵거나 대출을 받아도 대출금리가 높기 때문입니다.

은행에서도 CMA 계좌에 가입할 수 있나요?

답변 CMA는 증권회사에서 판매하고 운용하는 상품이므로 은행에서는 가입할 수 없습니다. CMA통장은 하루만 예치해도 높은 이익을 얻을 수 있고, 최근 다양한 부가서비스까지 제공함에 따라 은행의 주거래 통장과 경쟁하고 있는 증권사의 대표적인 단기 재테크 상품입니다.

많은 재테크 책에서 CMA의 장점을 홍보하며 예비통장으로서 유일한 것처럼 얘기하지만 사실은 CMA와 경쟁할 수 있는 다양한 상품들이 있습니다. CMA나 MMF, MMDA는 저금리 시대에 단기자금을 예치하여 상대적으로 높은 이익을 얻을 수 있는 좋은 예비통장입니다. 그러므로 본인에게 맞는 최상의 상품을 선택하여 투자하는 것이 효율적이죠.

그러나 꼭 기억해야 할 것이 두 가지 있습니다. 하나는 이 상품들은 단기투자상품이므로 생애주기에 따른 재무목표 달성에는 적합하지 않다는 점이고, 다른 하나는 수익률이 높다고 무조건 좋아할 일이 아니라는 것입니다.

　무작정 CMA 계좌에 돈을 쌓아두어서는 안 됩니다. 투자 대상이나 운용방식이 거의 동일한 국내 상황에서 수익률이 높다는 것은 결국 편입한 투자자산의 신용도가 떨어진다는 의미이며, 언제든 더 큰 리스크로 돌아올 수 있음을 명심해야 합니다.

**은행에 갈 때마다
자꾸 상품에 가입하라고 해서 부담돼요.**

답변   금융상품에 가입을 유도하는 것은 고객과 은행 입장에서 서로 도움이 되기 때문입니다. 기본적으로 금융회사는 고객에게 혜택을 줄 수 있는 상품을 출시합니다. 신상품이 출시된다는 것은 시장과 고객의 니즈가 반영된 것입니다. 판매 직원들은 고객 연령층에서 많이 가입하는 상품을 점검하고 필요한 상품의 가입을 권유합니다. 고객이 미처 알지 못했던 금융정보를 제공해 고객의 자산관리에 도움을 줄 수 있으며, 이는 결과적으로 은행의 이익으로 연결됩니다.

예를 들어 연말이나 연초에 은행을 방문하면 소득공제 혜택을 주는 연금저축계좌나 개인형 IRP의 현수막과 안내장이 넘쳐나고 창구 직원은 적극적으로 가입을 권유합니다. 고객의 입장에서 연말은 소득공제 혜택을 놓치지 않아야 한다는 필요성을 느끼는 시기고, 연초는 연말정산 결과 가입하지 않은 데 따른 상대적 손실

감 때문에 상품 가입의 니즈를 갖는 시기입니다. 은행에서는 이 시기를 집중 판매 기간으로 정하고 직원들을 독려하여 고객에게 상품을 소개하는 것이죠. 결과적으로 연말·연초 세제적격 상품 가입 건수가 90%를 넘어섭니다.

여러분이 창구에서 만나는 은행원은 아직 판매에 따른 개별 수당을 지급받지 않으므로 개인적인 욕심 차원에서 고객을 대하는 경우는 많지 않습니다. 다만 고객의 니즈와 상관없이 일방적으로 좋은 상품이라며 가입을 강요하는 경우에는 단호하게 거절 의사를 표시해야 나중에 후회하지 않게 됩니다.

질문 5

제가 실수로 다른 사람 계좌에
돈을 잘못 송금했어요. 어떻게 해야 하나요?

답변 타행송금 혹은 인터넷뱅킹으로 거래처에 입금했는데 계좌번호를 잘못 누르거나 다른 거래처로 송금하는 사례들이 많이 있습니다. 이런 경우 실수를 바로 인지한다고 해서 바로 돌려받을 수는 없습니다. 착오송금은 법적으로 수취인의 예금이기 때문에 수취인의 동의 없이는 돌려받을 수 없기 때문입니다.

먼저 송금은행 콜센터에 전화하여 잘못 송금했음을 알리고 '착오송금 반환청구'를 신청해야 합니다. 증권사나 저축은행 등 다른 금융회사도 마찬가지이며, 영업시간 외 저녁이나 주말에도 신청할 수 있습니다. 또는 입금은행으로 전화하여 잘못 송금했음을 알리고, 직접 영업점을 방문하여 '착오입금 반환의뢰서'를 작성합니다.

접수한 송금은행은 송금인의 요청에 따라 수취인에게 연락하여 잘못 입금된 돈을 송금인에게 되돌려 주도록 요청합니다. 일단 수취인이 동의만 하면 곧바로 돈을 돌려받을 수 있습니다. 수취인으로부터 송금수수료를 제외하고 계좌이체로 돈을 받거나 수취은행을 통해 받을 수 있습니다.

잘못 송금했을 때 많은 고객이 수취인의 전화번호를 알려달라고 하지만 은행에서는 개인정보보호 문제로 인해 송금인에게 수취인의 개인정보를 알려줄 수 없습니다. 수취인이 타은행 고객인 경우에는 송금인의 거래은행에서 수취인의 은행을 통해 수취인에게 연락을 취하게 됩니다.

그런데 수취인과 연락이 되지 않거나 수취계좌가 압류 등으로 법적 제한이 걸려있는 경우 또는 반환을 거부한다면 어떻게 해야 할까요? 이 경우에는 개인적으로 수취인에게 민사상 '부당이익반환 소송'을 제기하여 돈을 받아 내는 방법밖에 없습니다. 결국 비용과 시간이 소요됩니다.

한편 수취인은 잘못 입금한 돈을 송금인에게 돌려줄 때까지 보관할 의무가 있으며, 함부로 찾아 쓸 경우에는 형사상 횡령죄에 해당할 수 있습니다.

질문 6

예금금리, 대출금리가 은행마다 그리고 지점마다 다른 이유가 뭔가요?

답변 부지런한 사람들은 예금을 하거나 대출을 받을 때 절대 한 곳에서 해결하지 않습니다. 왜냐하면 같은 금액, 같은 기간의 예금이나 대출도 은행마다 지점마다 그리고 직원마다 적용하는 금리가 조금씩 다르기 때문입니다.

적금금리는 상품마다 고정되어 있기 때문에 금리조정이 불가능하지만 정기예금이나 대출금리는 은행에서 제시하는 가이드라인 안에서 해당 직원이 일부 조정할 여지가 있습니다. 그 대신 조정의 폭만큼 영업점 마진에 영향을 미치게 됩니다.

예금이율은 고시금리가 있지만 예외적으로 우대금리를 적용할 수 있습니다. 예를 들어 현재 1.90%라고 할 때 직원이 0.15%의 본부 승인을 받았다면 2.05%라는 예금금리가 적용되는 것입니다.

개인신용대출은 대출가능금액 못지않게 적용되는 대출금리도 중요합니다. 신용평점시스템을 활용하여 대출가능금액과 적용금리가 결정되지만 선택기준 및 일부 금리할인의 정도에 따라 적용 금리가 달라집니다.

실제 우대금리는 거래가 많은 주거래 고객, 많은 금액을 예치하거나 대출받는 고객, 향후 거래 기여도가 높을 것으로 예상되는 고객, 그리고 담당 직원이 향후 관계유지가 될 것으로 판단되는 고객 등의 경우에 적용합니다. 결국 직원의 마음에 따라 달라지는 것이죠. 예금이나 대출도 사람이 하는 일이라 발품을 팔고 조건을 갖추면 얼마든지 더 좋은 조건으로 받을 수 있습니다. 하지만 요즘 시중에 여유자금이 넘쳐나다 보니 예전처럼 우대금리의 적용 폭이 크지 않은 것이 현실입니다.

**은행수수료가 비싼데 수수료 혜택을
받을 수 있는 방법은 무엇인가요?**

답변 조금이라도 더 높은 금리를 제공하는 상품을 찾아다니거나 효과적인 투자를 통해 높은 수익을 달성하는 것 못지않게 중요한 것이 쓸데없는 지출을 줄이는 것입니다. 세상에 가장 아까운 게 은행수수료 내는 것이라는 얘기도 있죠. 그래서 수수료를 줄일 수 있는 방법을 알려 드리겠습니다.

첫째, 주거래 은행을 만들어야 합니다. 보통 재테크를 이야기할 때 반드시 나오는 얘기로 이는 본인이 거래하여 쌓은 실적에 대한 보상서비스를 받기 위함입니다.

둘째, 수수료가 면제되는 통장을 활용합니다. 주거래 고객이 아니더라도 상품의 특성에 따라 수수료를 면제하는 통장들이 많이 있습니다. 일반적으로 고객의 특성에 따라 직장인, 여성, 사업자, 연금수령자 등을 타깃으로 한 상품이 출시되어 각종 우대서비스도 제공되므로 자기에게 맞는 상품을 찾는 노력이 필요합니다.

셋째, 전자금융서비스를 적극적으로 이용합니다. 사회초년생들의 강점은 기기 사용이 능숙하다는 점입니다. 인터넷뱅킹, 모바일뱅킹을 이용하면 송금할 때 수수료가 면제되거나 아주 저렴하게 이용할 수 있습니다. 또한 모바일 송금서비스인 토스TOSS나 리브(KB국민은행), 쏠(신한은행), 위비뱅크(우리은행) 등의 은행 앱을 활용하는 것도 좋은 방법입니다.

마지막으로 현금 출금이나 송금에 대한 생활습관을 바꿔야 합니다. 은행 마감 시간인 16시 이후에는 수수료 부과기준이 달라지기 때문에 되도록 영업시간을 이용하며, 본인이 거래하는 은행을 찾아 이용하는 것이 좋습니다. 자동화기기에서 현금을 찾을 때는 소액으로 여러 번 찾으면 수수료가 계속 나가므로 한꺼번에 찾는 것이 훨씬 경제적입니다. 그리고 편의점이나 지하철역에 있는 자동화기기는 결제대행업체가 운영하는 것이 대부분으로 수수료가 더 비싸기 때문에 은행 자동화기기를 이용하는 것이 저렴합니다.

환전하는데 환율우대는 얼마나 해주나요?

답변　해외여행을 위해 환전할 때 환율우대가 된다는 것은 알고 있지만, 어떻게 해야 할지 모르거나 알아서 해주겠거니 생각하는 사람이 의외로 많습니다. 솔직히 말해서 환율우대는 순전히 담당 직원의 마음입니다.

일부 관심있는 사람들은 인터넷이나 홈페이지에서 50% 이내의 '환율우대 쿠폰'을 출력해 와서 우대율을 적용해 달라고 합니다. 하지만 알고 보면 최대 90%까지 우대환율 적용이 가능합니다. 물론 외화 현수송 비용과 같은 관리비용으로 인해 100% 우대는 존재하지 않습니다. 평소 전담관리 고객이거나 거래가 많은 고객, 향후 기여가 예상되는 고객인 경우에는 말하지 않아도 보통 50~70% 우대를 해주고 경우에 따라 90%까지 혜택을 줍니다.

그러면 환율우대를 제대로 받는 방법을 알아볼까요?

먼저 환율우대를 많이 받으려면 다른 은행, 다른 지점과 비교하여 최고 우대율을 제시하는 곳을 찾는 습관을 길러야 합니다. 가장 효과적인 방법은 모바일을 이용하여 은행 사이트에서 환전하는 것입니다. KB국민은행의 리브 환전은 모든 고객에게 주요 통화에 대해 우대율 90%를 적용하고 있습니다. 모바일로 실시간 환전한 후 본인이 지정한 영업점에서 외화 실물을 받으면 됩니다.

환전은 리스크가 전혀 없으면서도 마진율이 높은 상품입니다. 그러니 고객은 창구에서 환율우대를 강력하게 요구해도 됩니다. 환전에 있어서만큼은 고객이 '갑'입니다. 은행 입장에서는 얼마를 우대해주든지 마진의 차이가 있을 뿐이지 무조건 이익입니다.

아무리 바빠도 환전은 미리 하세요. 공항에서 환전하는 사람이 가장 비싸게 환전하기 마련입니다. 공항은 국내에서 환전할 수 있는 마지막 장소이며, 공항 입점에 따른 임대비용 자체가 워낙 비싸기 때문에 환율우대가 없습니다.

질문 9

예금금리보다 적금금리가 훨씬 더 높은데 실제 손에 쥐는 이자가 적은 이유를 알고 싶어요.

답변 이제는 예금과 적금의 금리를 구별해야 합니다. 예금은 처음 가입할 때 일정 금액을 한꺼번에 넣어두고 만기까지 유지함에 따라 처음 정해진 금리를 계산하여 지급하지만, 적금은 매달 정해진 월부금을 입금하여 쌓아 나가는 방식입니다. 당연히 쌓아놓고 있는 기간이 월별로 점점 줄어들게 됩니다. 이에 따라 적금에 적용하는 수익도 매월 달라지죠. 같은 금리라고 하더라도 투자원금대비 실질적인 수익률은 명목금리대비 절반 수준밖에 되지 않는 것입니다.

결국 연 5% 적금에 월 10만 원씩 1년 동안 모으면 세금까지 제외하고 손에 쥐는 이자는 27,740원(2.31%)으로 생각만큼 많지 않습니다.

적금은 약정기간이 길수록 이자율은 높으나 손해일 수 있으며, 중간에 해지하면 그조차도 받을 수 없습니다. 그러므로 적금은 이자보다 월부금을 늘리는 활동 중심으로 이루어져야 합니다.

연 5%짜리 1년만기 적금상품에 매월 10만 원씩 넣었을 때 이자계산

납입월	납입금액	예치기간	세전이자	실효수익률
1월	100,000원	12개월	5,000원	5.00%
2월	100,000원	11개월	4,580원	4.58%
3월	100,000원	10개월	4,170원	4.17%
4월	100,000원	9개월	3,750월	3.75%
5월	100,000원	8개월	3,330원	3.33%
6월	100,000원	7개월	2,920원	2.92%
7월	100,000원	6개월	2,500원	2.50%
8월	100,000원	5개월	2,080원	2.08%
9월	100,000원	4개월	1,670원	1.67%
10월	100,000원	3개월	1,250원	1.25%
11월	100,000원	2개월	830원	0.83%
12월	100,000원	1개월	420원	0.42%
원금합계	1,200,000원	이자총액	32,500원	평균 2.71%

**은행에 방문하기 어려운데 가족이나 친구를
통해 통장을 만들 수 있나요?**

답변 본인이 영업점을 직접 방문하기 어려운 경우에는 필요한 서류를 준비하면 대리인에 의한 거래가 가능합니다.

가족이 대리인인 경우 준비물은 대리인 및 신청인의 주민등록증이나 운전면허증 등 실명확인서류, 가족관계를 확인할 수 있는 주민등록등본 또는 가족관계증명서, 거래인감도장입니다. 여기서 가족이란 부모, 배우자, 자녀를 의미하며, 형제자매는 해당하지 않습니다.

미성년 자녀의 통장을 만들거나 분실, 변경, 신고, 해지 등 모든 금융거래를 할 때는 서류가 더 많아집니다. 미성년자는 발생가능한 여러 문제에 대해 스스로 책임질 수 없기 때문에 더욱 꼼꼼하게 정당한 거래당사자인지를 확인해야 하기 때문입니다. 예전에는 주민등록등본으로 가족임을 확인하고 부모 가운데 한 명이 방문하여 거래할 수 있었으나 요즘은 이혼 및 재혼이 일반화되고, 예금 소유권에 대한 이해관계로 인한 소송이나 민원이 많이 발생하기 때문에 방어권 차원에서 소극적인 업무처리로 이어지고 있습니다.

만 14세 미만의 어린 자녀의 경우에는 자녀 명의 기본증명서(특정 또는 상세), 가족관계증명서, 도장, 친권자의 신분증을 준비해야 합니다. 기본증명서는 자녀의 친권자가 누구인지 확인하는 서류이며, 가족관계증명서는 가족관계가 표시되고 주민등록번호 전체가 기재되어 있어야 합니다.

가족이 아닌 대리인이 방문할 때에는 신청인의 실명확인증표, 위임장 및 본인 발급 인감증명서, 거래인감도장을 준비해야 합니다. 입출금통장인 경우에는 금융거래목적확인을 위한 증빙서류도 함께 준비해야 합니다.

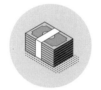

사회초년생을 위한 일대일 재테크 특강

월급이 적어도 돈은 모으고 싶어

초판 1쇄   2018년 12월 15일
초판 2쇄   2019년 1월 14일

지은이   성동규
펴낸이   전호림
책임편집   김은지
마케팅   박종욱 김혜원

펴낸곳 매경출판㈜
등록 2003년 4월 24일(No. 2-3759)
주소 (04557) 서울시 중구 충무로 2 (필동1가) 매일경제 별관 2층 매경출판㈜
홈페이지 www.mkbook.co.kr
전화 02)2000-2630(기획편집) 02)2000-2636(마케팅) 02)2000-2606(구입 문의)
팩스 02)2000-2609   **이메일** publish@mk.co.kr
인쇄 · 제본 ㈜M-print 031)8071-0961
ISBN 979-11-5542-926-6(03320)

이 도서의 국립중앙도서관 출판예정도서목록(CIP)은 서지정보유통지원시스템 홈페이지(http://seoji.nl.go.kr)와
국가자료공동목록시스템(http://www.nl.go.kr/kolisnet)에서 이용하실 수 있습니다.
(CIP제어번호: CIP2018037899)